中国城市轨道交通TOD政策指数报告
（2023）

聚焦中国式现代化进程中的城轨发展之路

李东坤　谢宇航　冯会会
何德文　雷　斌　王永杰　编著

光明日报出版社

图书在版编目（CIP）数据

中国城市轨道交通 TOD 政策指数报告 . 2023：聚焦中国式现代化进程中的城轨发展之路 / 李东坤等编著 .

北京：光明日报出版社，2024. 7. -- ISBN 978 - 7 - 5194 - 8078 - 3

Ⅰ. U239. 5

中国国家版本馆 CIP 数据核字第 2024UH9010 号

中国城市轨道交通 TOD 政策指数报告 . 2023：聚焦中国式现代化进程中的城轨发展之路

ZHONGGUO CHENGSHI GUIDAO JIAOTONG TOD ZHENGCE ZHISHU BAOGAO. 2023：JUJIAO ZHONGGUOSHI XIANDAIHUA JINCHENG ZHONG DE CHENGGUI FAZHAN ZHILU

编　　著：李东坤　谢宇航　冯会会　何德文　雷　斌　王永杰	
责任编辑：刘兴华	责任校对：宋　悦　李学敏
封面设计：中联华文	责任印制：曹　净

出版发行：光明日报出版社

地　　址：北京市西城区永安路 106 号，100050

电　　话：010-63169890（咨询），010-63131930（邮购）

传　　真：010-63131930

网　　址：http：// book. gmw. cn

E - mail：gmrbcbs@ gmw. cn

法律顾问：北京市兰台律师事务所龚柳方律师

印　　刷：三河市华东印刷有限公司

装　　订：三河市华东印刷有限公司

本书如有破损、缺页、装订错误，请与本社联系调换，电话：010-63131930

开　　本：170mm×240mm			
字　　数：157 千字		印　　张：11.5	
版　　次：2024 年 7 月第 1 版		印　　次：2024 年 7 月第 1 次印刷	
书　　号：ISBN 978 - 7 - 5194 - 8078 - 3			
定　　价：85.00 元			

前　言

　　党的二十大报告首次全面系统地对中国式现代化进行了远景式勾勒，并阐述了中国式现代化的五大主要特色：人口规模巨大、全体人民共同富裕、物质文明和精神文明相协调、人与自然和谐共生、走和平发展道路。在城市发展维度，中国式现代化是城市现代化、高质量发展的方向指引，也离不开城市现代化的有力支撑。作为城市现代化过程中城市公共交通运输系统的骨干力量，城市轨道交通与 TOD 理念的深度融合对于人口规模达到一定程度的城市而言，在改善人民出行等民生需求、推动绿色低碳发展、优化城市空间布局和促进经济社会进步等方面发挥着不可替代的支撑作用。

　　交通运输拥有明显的社会属性，其出发点与根本目的不在于运输过程本身，而在于基于不同地理空间中生产生活的具体需求。城市轨道交通是以服务城市客运为主的交通运输方式，其社会属性更为明显。因此，城市轨道交通 TOD 模式实际是将交通运输与人的出行需求、生活生产需求等相结合，并通过科学化、精细化的政策设计，提升居民的生活质量和周边物业价值，是在交通领域实现中国式现代化的具体体现。令人欣喜的是，在实践层面，越来越多的城市开始借助城市轨道交通 TOD 模式运营城市，并借助多元化政策工具支持城市轨道交通 TOD 模式的落地实施，进一步丰富和发展了中国城市轨道交通 TOD 的政策实践图景。截至 2022 年 12 月 31日，46 个样本城市中已有 22 个城市在政策文本中明确将 TOD 综合开发作为优化城市空间开发、品质提升的重要方式，16 个城市正式出台了轨道交通场站及周边土地综合开发利用的相关实施意见等。中国城市轨道交通 TOD 理念得到了更广泛的关注与认同，相关支持性政策更是得到了显著推进。

在此背景下，本课题组基于 TOD 核心内涵、特征与公共政策理论，依托用地保障、综合开发、理念规划、审批协调、市场运用等共计五大类 12 项二级指标的中国城市轨道交通 TOD 政策指数体系，计算得到 46 个样本城市轨道交通 TOD 政策指数并进行排名与分析。与上一版指数相比，2023 版指数的样本城市由 43 个拓展为 46 个，并表现出更明显的时空特征。即以轨道交通场站综合开发实施意见、细则等文件发布为标志，从时间维度上，我国的城市轨道交通 TOD 政策采纳大体呈现出上海市、广州市等超一线城市探索引领，南京市、武汉市、成都市、西安市等国家中心城市和省会城市全面推进优化，东莞市、温州市、佛山市、无锡市、嘉兴市等经济发展水平比较高的非省会城市快速跟进的总体演进格局。空间上，中国城市轨道交通 TOD 政策指数存在显著集聚特征，长三角地区、珠三角地区不仅涵盖的样本城市数量多，而且 TOD 政策得分相对较高，从而形成了具有区域特征的 TOD 政策发展模式。2023 版政策指数进一步增加了中国城市轨道交通 TOD 政策在内容上的一些新趋势，如中国城市轨道交通 TOD 模式与城市更新的融合发展。其中一些先行城市以 TOD 模式推动城市更新的相关政策文本出台，大大拓展了城市轨道交通 TOD 模式的适用范围，进而为更广域范围内的城市空间优化利用和集约化发展提供了思路。基于此，为了进一步展现特定区域城市轨道交通 TOD 政策发展的特点及其主要考量因素，在案例研究篇，我们立足大湾区，选取位于广东省境内开通运营城市轨道交通的广州市、深圳市、东莞市和佛山市为样本进行深入探讨，并试图展现在经济发展水平相对较高、土地资源紧缺、进入存量土地开发阶段的城市在 TOD 模式与城市更新相结合方面的一些政策探索。

在中国城市轨道交通 TOD 政策指数（2023）编制过程中，为了更深入地了解城市轨道交通 TOD 政策的出台背景、考量因素与实施过程等信息，课题组成员多次通过线下实地调研与线上访谈等方式开展案例调研活动。在此特别感谢深圳地铁置业集团有限公司、东莞市交通投资集团有限公司、佛山市地铁集团有限公司、西南交通大学（上海）TOD研究中心和中国城市轨道交通协会资源经营专业委员会等单位为我们的调研活动与政策文本搜集提供的支持与帮助。特别感谢在各种会议交流过程中为中国城市轨道交通TOD政策指数提出意见与建议的专家与老师们，最后特别感谢在指数编撰过程中帮助核查与搜集资料的硕士研究生王译平、赵叶、张璐等同学。正是因为有这么多人的付出与努力，新的一版报告终于如约呈现在读者面前。

虽然经过了小心论证与反复勘验，但受限于编著者的能力与认知水平，本报告仍难免有错误与不足之处，希望广大读者给予批评指正，我们将在后续的研究中持续完善。

作者

2023年10月于成都

目　录
CONTENTS

指数解读篇

一、中国式现代化下的城市轨道交通 TOD 发展

（一）中国式现代化的提出背景与核心内涵

当今世界正经历百年未有之大变局，世界多极化加速发展，单边主义、贸易保护主义兴起，经济全球化遭遇逆流和退潮，国际秩序急剧变革；随着经济社会的不断发展，我国社会主要矛盾转变为人民日益增长的美好生活需要和不平衡不充分的发展之间的矛盾，这对国家的经济发展、社会公共服务、环境质量、法治建设等提出了更高要求。同时以我国当前的人口规模，中国整体实现现代化目标面临的艰巨性和复杂性前所未有，这就必须结合中国独特的政治传统、经济结构、历史文化，走一条适合自己并具有自身特色的现代化发展道路。

在当今国际和国内环境下，我国不断探索国家治理发展的新路径，并创新性地提出中国式现代化的发展道路。党的二十大报告首次深刻阐述了中国式现代化的具体内涵，指出"中国式现代化是中国共产党领导的社会主义现代化，既有各国现代化的共同特征，更有基于自己国情的中国特色"。并进一步指出中国式现代化的五大特征，即中国式现代化是中国共产党领导的社会主义现代化，是人口规模巨大的现代化，是全体人民共同富裕的现代化，是物质文明和精神文明相协调的现代化，是人与自然和谐共生的现代化，是走和平发展道路的现代化。林昌华认为中国式现代化将作为总揽性目标统领未来中国发展方向，其本质是以中国为基点、内生自

发的现代化。① 与西方现代化模式相比，中国式现代化从根本上改变了脱胎于殖民体系、以资本为中心的西方现代化模式的内在属性，不断深化推进中华民族命运共同体、利益共同体、治理共同体、价值共同体、生命共同体建设，中华民族共同体进入了更加高质量平等发展的全新阶段。② 同时，拓展了发展中国家走向现代化的途径，为人类对更好社会制度的探索提供了中国方案。

对新发展阶段中国式现代化的理解，于凤霞（2023）认为，必须密切结合全球数字经济发展这一大的历史背景。如今现代信息技术和工业化进程的融合日益加深，并孕育了新一轮科技革命和产业变革，全球技术与产业竞争更加激烈，国家之间经济实力角逐出现深刻调整。中国式现代化是我国现代化进程进入数字经济时代，顺应人类社会发展大势和适应新阶段外部环境变化的必然选择。③ 在政治方面，文军和刘雨航指出在百年变局和世纪疫情相互叠加的局面下，国际秩序急剧变革，中国社会发展面临严峻复杂的国际形势，遭遇政治、经济、意识形态、自然界等方面接踵而至的巨大风险挑战。风险挑战与发展机遇高度交织，标志着全球不确定性背景正在成为当代中国式现代化的重要底色和关键变量。④在历史逻辑上，中国独特的政治传统、经济结构、历史文化，决定了中国必然要走一条具有自身特色的现代化发展道路，中国式现代化也是近代以来我们党带领人民在革命、建设和改革中，以及在推进现代化建设实践中积累的宝贵历史经验。⑤而在发展维度上，基于我国目前的发展规模，中国整体实现现代化目

---

① 林昌华. 民营经济融入中国式现代化的理论逻辑与现实路径 ［J］. 哈尔滨工业大学学报（社会科学版），2023，25（04）：150-154.

② 杨小柳，陆烨. 中国式现代化进程中的中华民族共同体建设 ［J］. 思想战线，2023，49（04）：74-80.

③ 于凤霞. 数字经济背景下中国式现代化的理论逻辑、战略内涵与实践路径 ［J］. 中国劳动关系学院学报，2023，37（03）：11-19，91.

④ 文军，刘雨航. 不确定性背景下中国式现代化的理论变革与实践转向 ［J］. 山东大学学报（哲学社会科学版），2023（01）：20-31.

⑤ 万秀丽，高玉霞. 中国式现代化新道路的历史逻辑、科学内涵与现实意义 ［J］. 理论研究，2023（02）：19-26.

标的艰巨性和复杂性前所未有，人口老龄化的进程在不断加快，并面临着态势日益严峻的养老、医疗、社保等老龄社会问题；与此同时，发展不平衡不充分问题仍然突出，城乡区域发展不平衡、收入分配差距较大、精神文明发展不充分、生态环境形势依然严峻。①

因此，只有深刻把握中国式现代化的核心内涵与特征，才能更深刻认识我国的发展历史，从中总结经验，为我国探索中国特色社会主义道路提供动力。

（二）中国式现代化下的城市现代化发展新要求

在中国式现代化道路上，城市现代化是最重要的载体，具有举足轻重的地位。党的十八大以来，以习近平同志为核心的党中央深刻认识到城市在国家经济社会发展和民生改善中的重要作用，不断加强党对城市工作的领导，坚持人民城市为人民，走好中国特色城市发展道路。② 刘秉镰和袁博等学者指出中国式现代化综合了各国现代化的一般特征和中国特殊国情，映射到城市发展方面，就是要探索走出一条符合中国特色的城市发展道路。③ 霍沫霖等认为，为了更好地适应中国式现代化的新路径，适应城市经济、社会发展和生态环境保护的需要，在科学发展观、在"新发展"理念和"新格局"总体目标指导下，党和国家提出了城市发展的新要求，这是指导城市未来发展的总体蓝图和行动纲领，是规划建设有关重大设施的基本依据，推进了我国城市的健康发展。④ 因此，城市现代化是在中国式现代化指引下的发展，也是近些年来我国城市快速发展的见证，城市现代化水平对国家的现代化进程起着重要的推动作用。

邵颖萍指出城市现代化不仅是国家发展的目标，也是区域社会发展和

---

① 张士海，姚功武．中国式现代化新道路的生成逻辑［J］．当代世界社会主义问题，2023（02）：15-26，164.

② 钟振．城市现代化向美而行［J］．当代广西，2023（07）：28-29.

③ 刘秉镰，袁博．中国式现代化视域下城市群发展的理论逻辑与路径选择——学习习近平总书记关于城市工作的重要论述［J］．城市问题，2023（03）：12-16.

④ 霍沫霖，郭磊，陈光．"双碳"目标对城市能源发展规划提出新要求［J］．中国电力企业管理，2021（10）：55-57.

城市发展的目标——城市现代化是现代化最集中的表现形式和推进器。①
但城市现代化并没有统一的定义，李扬等认为城市现代化是现代化的一种
表现形式和组成部分，是一个综合、复杂的过程，它不仅由生产力发展水
平等条件决定，而且受地理环境、资源禀赋、历史文化、制度等因素的制
约。相较于城市化，城市现代化更加强调城市内部质量和等级的提高，是
城市内部的一种级差性转化。② 师博和明萌在中国式现代化框架下提出城
市现代化的内涵，即拥有高素质的城市居民、高质量发展的城市经济、高
层次的城市社会、高端的城市居民生活方式、高水平的城市治理能力、高
品质的城市文化产业体系、适宜生存发展的城市生态环境、高效能运转的
城市基础设施。③ 在具体发展要求上，需要注意以下几方面：

　　一是推进创新驱动发展。创新是引领发展的第一动力，创新驱动是新
发展格局下实现高质量发展的核心抓手。郭海龙和戴子薇指出数字化转型
在中国式现代化过程中具有重要价值，这一转型呈现产业数字化深度推
进、城市治理数字化、构建数字政府、数字经济与绿色发展相结合的发展
趋势。数字化转型在推进城市发展方面表现为更新经济发展的生产要素、
促进产业升级、通过新基建促进城市升级、推动政府转变施政方式促进全
过程人民民主。④ 随着科技的不断进步和数字经济的崛起，未来城市将更
加智能化，通过大数据、人工智能等技术手段实现城市治理的精细化和高
效化，城市将高度智能化和信息化。⑤ 聂鸿天通过对我国多个发达城市的
创新驱动和高质量发展水平进行研究，发现发达城市的创新驱动和高质量
发展之间存在明显正向促进关系，创新驱动发展对我国城市现代化过程中

① 邵颖萍．中国城市现代化的内涵与核心 [J]．城市问题，2012（11）：15-21．
② 李扬，靳京，梁昊光，等．国内外城市现代化的评价指标、方法及案例研究 [J]．科学
观察，2023，18（02）：42-56．
③ 师博，明萌．中国式城市现代化的理论内涵及评价研究 [J]．西北工业大学学报（社会
科学版），2023（01）：120-131．
④ 郭海龙，戴子薇．中国式现代化视角下城市发展的数字化转型及其对石家庄的启示
[J]．石家庄学院学报，2023，25（04）：81-86．
⑤ 张舟．如何探索中国式现代化城市发展新路 [N]．成都日报，2023-05-24（006）．

的高质量发展具有重要的推动作用。①

二是推进绿色低碳发展。随着我国经济的高速增长，工业进程不断加快，保护生态环境、推进绿色低碳发展成为城市现代化发展的重点。中国式现代化是人与自然和谐共生的现代化，坚持治山、治水、治城一体化推进，贯彻"绿水青山就是金山银山"的理念。中国式现代化指导下的城市现代化一定是人与人、人与自然和谐共处的现代化，打造宜居城市、绿色城市、低碳城市是至关重要的。② 而绿色、低碳的现代化城市建设过程要求进一步探索空间治理现代化、城市品质功能构建现代化、超大城市治理体系和治理能力现代化。③

三是加强城市基础设施建设完善。中国式现代化是全体人民共同富裕的现代化。这就要求将民生放在第一位。中国式现代化指导下的城市现代化的落脚点在于人民。人是城市的主体，城市是人民的城市，城市发展建设的目的就是要为全体人民创造财富、积累财富、共享财富，增加公共服务投入，达到共同富裕（任致远，2022）。作为政府公共服务投入的重要组成部分，城市基础设施建设是指为保证城市社会生产和生活正常运转的物质设施建设的总称，其具有服务的公共性，服务生产生活的双重性，效益的间接性，经济效益、社会效益和环境效益的综合性等一系列特征。城市基础设施建设是城市现代化发展的基础，良好的基础设施建设不仅将为城市发展创造良好条件，还将显著提高城市生产效率和居民的生活质量。因此城市现代化建设的重要要求是城市基础设施建设与网络完善。

因此，城市现代化可理解为在中国式现代化目标的指引下，找到适合中国城市发展的路径和模式，其有利于进一步推进我国城市可持续、高质量发

① 聂鸿天. 创新驱动对高质量发展的影响——来自中国 18 个发达城市的证据 [J]. 沈阳师范大学学报（自然科学版），2023，41（02）：138-144.

② 任致远. 略论中国式现代化城市发展目标 [J]. 城市发展研究，2022，29（12）：1-4.

③ 陈仕印. 中共成都市委党校副教授童晶：必须积极探索中国式现代化城市发展道路 [N]. 成都日报，2022-05-09（004）.

展，增强居民的幸福感，从而成为中国式现代化发展道路上的强大引擎。

（三）城市现代化下的城市轨道交通 TOD 发展

在城市"做大做强"的过程中，面对城市耕地资源不断锐减、自然生态超负荷运行、开发建设粗放低效益以及以城市交通拥堵为代表的"大城市病"等现实问题，城市现代化发展越来越需要选择集约紧凑的城市空间发展模式、绿色低碳的生产生活方式，进而形成更合理的城市土地利用方式。在此背景下，TOD 模式作为推动形成可持续宜居城市发展的关键空间性路径，受到广泛关注。TOD 是指公共交通引导城市发展（Transit-Oriented Development，TOD）的新型城市发展模式。其核心是通过城市交通与土地使用深度融合和一体化，促进形成合理的城市结构和用地形态、以绿色交通主导的交通结构，从而实现土地集约利用、出行便捷高效的发展目标和构建节能减排、以人为本的美好城市环境。TOD 理念由美国学者彼得·卡尔索普教授于 20 世纪 90 年代初在美国"新城市主义"运动中提出[1]，其提倡多样化、功能混合、紧凑、适合步行的用地模式，在适宜步行的空间范围之内布置满足人们日常生活的设施，以期公共交通体系与土地利用形成协同关系。经过多年的理论探索与实践总结，TOD 理念已经从早期的一种城市社区规划概念逐步转变为特殊的"用地单元"，成为新的城市结构发展模式[2]，更是当前助推城市现代化发展的重要力量。

城市公共交通基础设施是践行 TOD 理念的核心载体。随着城市交通基础设施的快速发展，城市轨道交通已成为城市道路交通不可缺少的组成部分，其具有运量大、速度快、准点率高、节能环保、乘坐便捷等优点，在提高居民出行效率、缓解城市交通堵塞、促进城市现代化发展方面发挥着重要作用。从内涵上看，城市轨道交通是指城市发展过程中在城市范围内或者城市之间以轨道结构进行客运运输的交通系统，主要包括轻轨、地

---

[1] CALTHORPE P. The Next American Metropolis - Ecology, Community, and the American Dream [M]. New York: Princeton Architecture Press, 1995: 49-76.

[2] 马强. 近年来北美关于"TOD"的研究进展 [J]. 国际城市规划, 2009, 24 (S1): 227-232.

铁、城际轻轨等形式。① 根据交通运输部的统计数据，截至 2022 年 12 月 31 日，31 个省（自治区、直辖市）和新疆生产建设兵团共有 53 个城市开通运营城市轨道交通线路 290 条，运营里程 9584 公里，车站 5609 座。城市轨道交通自身独特优势以及运营里程的持续快速提升推动城市轨道交通成为当前中国 TOD 理念的核心载体和实现城市增长的重要方式。

由此，城市轨道交通 TOD 模式不仅是城市现代化的体现，更能进一步推进城市现代化进程，以及在此基础上推进中国式现代化进程。

二、中国城市轨道交通 TOD 政策指数框架与构成

（一）中国城市轨道交通 TOD 政策指数框架

TOD 开发模式的重点是混合用地布局、高强度开发与公共空间营造，其核心是交通发展与土地利用的一体化。由于交通规划、交通建设、土地开发、城市规划等涉及多个政府部门和多元市场主体，所以 TOD 开发模式本身具有天然的跨部门、跨主体协作特征，这就决定了城市轨道交通 TOD 开发是一项极复杂的系统工程。推动这一工程的落地，在现行制度体系中面临诸多政策堵点甚至空白。比如，城市轨道交通 TOD 开发模式要求城市轨道建设与周边土地开发形成一体化联通，并在推进节奏上保持一定的同步性，这意味着轨道交通规划要与国土空间规划以及多种专项规划形成有效融合。但由于轨道交通线网规划、用地控制规划、建设规划、国土空间规划以及专项规划的编制权分散在多个政府部门，在编制节奏与考量因素上面临诸多差异与拉锯，从而使"多规合一"面临现实政策困境。又如，城市轨道交通站点周边 500~800 米范围内土地多属于区域内核心高价值地块，在多主体参与过程中，如何在区县政府、城市轨道交通建设企业、民营开发企业等主体中进行权利划分与利益共享以形成有效激励，仍需要政策引导与保障。实际上，城市轨道交通 TOD 开发模式的顺利实施亟须地方

---

① 朱丽君. 城市轨道交通建设对区域经济发展的影响分析［J］. 环渤海经济瞭望，2020（06）：089.

政府在规划、建设、运营的各环节进行政策创新并提供制度保障，从而提升城市轨道交通 TOD 项目的可实施性、价值增值和可持续发展能力。

政策是政府通过对各种政策工具的设计、组织搭配及运用而形成的。因此，政策由理念变为现实必须依靠各种政策工具，这些工具就是实现政策目标的手段。分析政策的框架离不开工具性的视角，这种工具性的视角有助于理解政府应如何有目的地影响政策过程。而最具有经典性与操作性的是 Rothwell Roy 和 Zegveld Walter[①] 的分类方法。他们将基本政策工具划分为三类：供给型政策工具、环境型政策工具和需求型政策工具。从而将复杂的政策过程进行了降维处理，具有显著的维度内聚合效度与维度间区分效度，同时又具备较强的目标针对性与内容指导性，在政策研究中得到十分广泛的应用。[②] 其中，供给型政策工具主要是指政府通过直接的资金、人力、技术等相关要素的供给对政策目标产生影响；需求型政策工具则着重通过刺激市场繁荣或者重构新的市场，降低市场风险，从而拉动相关市场健康、快速、和谐发展。环境型政策工具更多表现为一种外部因素的影响和渗透作用，通过创造良好的内外部友好型环境，以一种潜移默化的持续间接影响发挥作用。综合来看，供给型政策工具主要表现为对 TOD 发展的推动力，需求型政策工具更多地表现为对 TOD 市场需求的拉动力，而环境型政策工具对 TOD 发展更多起到间接影响的作用（图 1）。这也成为本研究报告建立 TOD 政策分析框架的理论基础与起点。

TOD 政策可通过供给型政策工具、需求型政策工具和环境型政策工具促进 TOD 模式的落地实施。对于 TOD 开发模式而言，最重要的要素资源是土地，即 TOD 开发相关的土地储备、土地供给以及与之紧密相连的土地开发分级、容积率提升、土地权属确认等。因此，TOD 政策中的

---

① ROTHWELL R, ZEGVELD W. Industrial Innovation and Public Policy：Preparing for the 1980s and 1990s ［M］. London：Frances Printer, 1981.

② 张雅娴，苏竣. 技术创新政策工具及其在我国软件产业中的应用 ［J］. 科研管理，2001（04）：65-72；谢青，田志龙. 创新政策如何推动我国新能源汽车产业的发展——基于政策工具与创新价值链的政策文本分析 ［J］. 科学学与科学技术管理，2015, 36（06）：3-14.

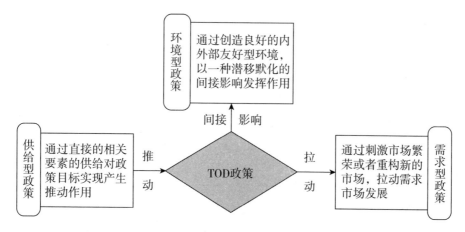

图 1：TOD 相关政策的主要作用方式

供给型政策工具主要分为两大类型：一是用地保障，其主要包括土地储备与土地价款优惠；二是综合开发，主要从站点分级分类、容积率奖励、复合立体开发等方面进行考察。由此供给型政策工具可进一步表述为政府通过用地供应、土地价款优惠、容积率奖励、产权支持等相关政策，为城市轨道交通 TOD 模式落地所需的土地保障、综合开发等提供直接有效的政策支持。

对于 TOD 开发模式而言，环境型政策工具主要体现在两大方面五个层次上。

一是理念规划，主要包括三个层次：（1）政府对 TOD 开发模式的理念引导，主要表现为政府在政策层面如何认识和看待 TOD 开发模式以及如何对其进行定位；（2）政府对 TOD 开发模式所涉及的多类规划进行融合的指导与要求，进而从城市规划层面为 TOD 模式落地实施提供切实可行的政策依据；（3）能否构建形成比较完备的 TOD 政策体系，即从实施意见、实施细则到专项规划为一体的系统化支撑保障体系。

二是审批协调，主要包括两个层次：（1）政府协调机制的构建，即通过何种机制高效协调多部门多元利益主体间的关系；（2）政府在审批流程上的优化，即简化 TOD 开发过程面临的纷繁复杂的审批环节，提升审批效率。最终，通过环境型政策工具的运用，提升 TOD 开发模式落地实施的内外部环境友好度。

需求型政策工具更多表现为鼓励 TOD 模式落地实施过程中对市场机制的引入与应用，主要包括两方面：一是参与主体上，鼓励多元市场主体（尤其是民营企业）参与、合作；二是合作模式上，对不同类型主体的合作进行规制与区分。通过需求型政策工具的运用，理想的结果是发挥市场机制的优势，引导 TOD 综合开发形成多元主体优势互补、权责利优化分配布局，促进 TOD 开发过程中上下游市场健康快速发展。

因此，本书的指数框架如下（图 2）：

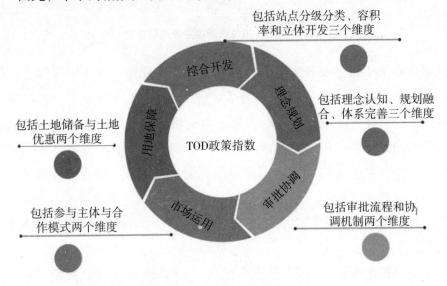

图 2：中国城市轨道交通 TOD 政策指数的总体框架

（二）中国城市轨道交通 TOD 政策指数构成

中国城市轨道交通 TOD 政策指数对于具体指标的选取主要遵循如下流程：首先，梳理 TOD 开发模式相关的国内外理论与文献，分析确立轨道交通 TOD 综合开发的核心特征、要素及其对应的政策需求，形成基础理论框架。其次，梳理中国城市轨道交通 TOD 综合开发优秀案例，总结中国城市轨道交通 TOD 发展特征、面临制约与突破方向，细化指标体系。最后，搜集城市轨道交通 TOD 相关政策文本，进行阅读、分类、比较与总结，并结合实地访谈资料迭代，形成最终的指数框架。中国城市轨道交通 TOD 政策指数按照框架结构设计形成了囊括供给型政策工具、环境型政策工具、需求型政策工具三大方面五大维度，共计十二个二级指标的层次体系。其具体指标及说明如下：

一是用地保障（表1）。TOD 开发模式的核心是土地一体化综合开发。中国城市轨道交通 TOD 开发模式首先要求对站点周边的土地进行统一管控。实际中由于城市轨道交通站点周边的土地大多是各区（县）或镇（街）的黄金地块，因此土地统一管控能否实现以及实施效果如何有赖于地方政府的政策支持力度，特别是相关政策能否明确土地储备的规模、范围以及给予一定的土地优惠。这部分主要包括两个二级指标。

（1）土地储备。主要从三方面进行评价：一是相关政策是否涉及土地提前储备。一般来说，越早进行土地储备越有利于城市轨道交通站点周边土地开展一体化设计与开发，从而为 TOD 开发模式落地提供核心保障，这也意味着政策的支持力度越大。二是土地储备的规模如何，即政策能否明确土地储备的数量、范围以及土地分级分类等内容。一般来说，政策对于土地储备规模与范围的规定越明确，其落地实施的可能性越高，在明确土地储备规模的基础上进一步对储备土地进行分级分类，可实施性将进一步增强，从而政策的实施力度也将更大。三是政策是否涉及远期土地储备以及对已批未建土地收储的相关规定。由于城市轨道交通建设存在较长周期，一些线路从规划到建成往往需要几年时间，因此轨道交通站点周边的土地若不能及早进行储备，很有可能将大大提升后续进行一体化设计与综合开发的难度与成本。与此同时，很多轨道交通站点周边的土地所处区域开发相对成熟，一些土地在进行 TOD 一体化规划之前就完成出让，如何对这部分土地进行规定也变得十分重要。由此而言，考虑站点周边土地储备的近期与远期规划，并能对范围内已批未建土地做出规定的城市政策力度也更大。

（2）土地优惠。即是否存在储备土地上市过程中给予拿地企业一定程度的价款优惠政策。这种优惠政策的实施力度从低到高可分为：土地使用规费减免——土地价格优惠（按未建轨道交通时的价格或按照一定比例优惠）——土地作价出资——多种优惠政策组合。通过土地优惠政策，可以激发企业尤其是有轨道交通运营经验的城市轨道交通集团在立足自身轨道交通建设优势基础上参与 TOD 开发的热情，大力推进 TOD 开发进程。

二是综合开发（表1）。在土地上市之后，即可进入综合开发阶段。综合开发阶段涉及 TOD 模式在具体城市的设计、打造等总体性部署与安排，仍需地方政府在政策上的规划明晰与指标引导。总体来看，其主要包括三方面。

（1）站点分级分类。城市轨道交通 TOD 综合开发到底要达到什么样的程度？不同站点 TOD 开发项目之间如何进行差异化协同，这些问题需要政府从政策层面进行规划明晰，这将大大提升城市轨道交通 TOD 开发的效率、效果与可持续性，促进城市轨道交通 TOD 科学有序发展。因此，政策层面是否对站点进行分级分类、是否明确站点分级分类的具体标准与要求、是否基于站点分级分类开展一体化设计，将成为区分政策强度大小的重要标准。

（2）容积率奖励。高强度开发是 TOD 开发模式的核心特征之一，其最直观的体现是 TOD 区域范围内相应容积率的适度提升。但由于城市容积率的划定标准主要与城市所处的气候区、物业类型、楼层数量等有关，并按照总建筑面积与建筑用地面积之比进行计算，而与是否处于 TOD 区域没有直接关系，因此要实现城市轨道交通 TOD 区域范围内容积率提升往往需要城市容积率政策的相应调整与专门规定。具体而言，是否对交通周边或特定地段容积率有额外奖励、是否制定 TOD 站点周边容积率的专门规定、是否能够根据城市一体化设计方案合理设定不同类型的 TOD 容积率水平，将成为区分城市轨道交通 TOD 政策强度的主要标准。

（3）复合立体开发。TOD 开发模式的另一核心标准是复合开发。这就要求不同类型的业态可以在同一区域或地块范围内合理共存，体现在国土空间规划与产权确认上则意味着需要分层开发与分层确权。但在实际操作中，同一地块往往整体转让，而产权确认也多以整个地块为单位进行，因此要实现复合开发，就需要政府给予政策支持。其中，是否允许分层开发、分层确权登记，是否给予一定的分层开发价格优惠（尤其是地下空间），是否确定 TOD 立体复合开发的标准与要求，是否形成地上地下空间一体化规划设计将成为政策实施强度的重要衡量标准。

表 1：城市轨道交通 TOD 供给型政策工具基本构成

供给型政策工具	用地保障	土地储备	相关政策是否涉及土地提前储备；是否明确土地储备的数量、范围以及土地分级分类等内容；是否涉及远期土地储备以及对已批未建土地收储的相关规定
		土地优惠	是否存在储备土地上市过程中给予拿地企业一定程度的优惠政策；优惠政策的类型及实施力度
	综合开发	站点分级分类	是否对站点进行分级分类、是否明确站点分级分类的具体标准与要求、是否基于站点分级分类开展一体化设计
		容积率奖励	是否对交通周边或特定地段容积率有额外奖励；是否制定 TOD 站点周边容积率的专门规定；是否能够根据城市一体化设计方案合理设定不同类型的 TOD 容积率水平
		复合立体开发	是否允许分层开发、分层确权登记；是否给予一定的分层开发价格优惠；是否确定 TOD 立体复合开发的标准与要求；是否形成地上地下空间一体化规划设计

三是理念规划（表 2）。城市轨道交通 TOD 开发模式对很多城市而言仍是新兴事物，政策理念的有力引导有助于更好地推动各方达成 TOD 发展共识，并通过规划融合形成政策保障，因此理念引导、规划融合与政策体系建设是 TOD 开发模式落地实施过程中十分重要的环境型因素。具体而言，上述三方面包括如下内容：

（1）理念认知。TOD 开发模式首先需要突破理念认知，进而影响其行为。在理念认知方面，尤为重要的是，地方政府如何看待城市轨道交通与土地开发以及城市发展的关系，这将为城市发展轨道交通 TOD 奠定总基调。具体而言，根据理念认知的发展阶段进行划分，轨道交通与城市发展的关系认知从初级到高级主要体现为五个层次：开发导向的城市轨道交通设施优化——注重轨道建设与周边连接，而非周边开发——"轨道交通+土地物业"的土地开发模式——TOD 综合开发作为优化城市空间开发与品质提升的重要方式——TOD 综合开发作为城市运营理念。理念认知水平的不同，意味着城市对城市轨道交通 TOD 开发的重要性与必要性理解不同，从而将大大影响城市开展城市轨道交通 TOD 开发的节奏与步伐。

（2）规划融合。TOD 开发模式涉及轨道交通与周边土地开发的一体化规划，要求轨道交通规划、国土空间规划以及多类专项规划间的融合。由于轨道交通线网规划、用地控制规划、建设规划、国土空间规划以及多类专项规划的编制权分散在多个政府部门，在编制节奏与考量因素上存在显著差异，因此要实现多规合一，必然要求地方政府在政策规划层面予以引导与确认。而且，不仅涉及多规合一，TOD 开发模式的落地实施效果还依赖于多种规划编制的节奏协调性与同步性。因此，根据轨道交通规划和国土空间规划等规划间的关系以及融合推进程度，将其划分为如下五个层次：轨道交通规划纳入城市国土空间规划，与其他城市专项规划相衔接——轨道交通规划纳入城市国土空间规划，据此编制 TOD 综合开发策略和（或）TOD 综合开发专项规划——轨道交通规划纳入城市国土空间规划，同步编制 TOD 综合开发策略和 TOD 综合开发专项规划，启动控制性详细规划编制或调整——轨道交通规划纳入城市国土空间规划，同步编制 TOD 综合开发策略和 TOD 综合开发专项规划，线路工程可行性研究报告与沿线综合开发方案同步编制——轨道交通规划与城市国土空间规划同步编制，同步编制 TOD 综合开发策略和 TOD 综合开发专项规划，线路工程可行性研究报告与沿线综合开发方案同步编制、同步实施。

（3）体系完善。政府政策目标的实现依赖于多方面政策的有机协作，进而形成由若干既有区别又相互依存的要素构成的具有特定功能的有机整体，达到"整体大于部分之和"的效果。在城市轨道交通 TOD 开发落地实施过程中，相关政策配置是否合理，是否形成了系统化的政策体系，将直接影响政策的实施效果。而完善的政策体系意味着不仅包括 TOD 综合开发实施意见、实施细则与技术导则，还包括一体化设计、审批、消防等体系化的配套政策文件。由此，是否包括核心政策，是否包括配套政策以及配套政策的数量，将成为评价政策体系完善性的重要衡量标准。

四是审批协调（表 2）。TOD 开发模式落地实施过程中涉及大量的跨部门协调与合作，流程复杂，难度巨大，需要形成相应的审批流程优化机制与跨部门合作机制进行保障。

（1）审批流程。TOD 开发模式实施过程十分繁杂，手续众多。审批程序的优化将为 TOD 综合开发提供良好的内部环境，有助于提升效率，降低难度，从而增强市场主体参与 TOD 开发的吸引力。在审批流程方面，有没有相应的"绿色通道"、提升审批效率的原则或方式（比如，并联、预审等）、一定的审批部门保障（比如，专人、专门服务机构、纳入考核系统等）或者"特事代办""一事一议"等专项服务方式，将形成评估审批政策强弱的重要衡量标准。

（2）协调机制。在 TOD 开发模式落地实施过程中，比较常见的协调方式是建立相应的领导小组（或类似组织）。这种治理机制拥有独特的组织结构与权力结构，其有助于高效集中行政资源、处理跨部门公共事务。在此过程中，领导小组的权威、地位及其对资源的整合号召能力主要取决于领导小组中领导成员的职级职务。为此，根据城市是否存在综合开发领导小组以及小组组长的行政级别来评价城市协调机制的协调能力与效率。

表2：城市轨道交通 TOD 环境型政策工具基本构成

环境型政策工具	理念规划	理念认知	地方政府如何看待城市轨道交通与土地开发以及城市发展的关系。从初级到高级主要体现为五个层次：开发导向的城市轨道交通设施优化——注重轨道建设与周边连接，而非周边开发——"轨道交通＋土地物业"的土地开发模式——TOD综合开发作为优化城市空间开发与品质提升的重要方式——TOD综合开发作为城市运营理念
		规划融合	多规合一以及多种规划编制的节奏协调性与同步性。主要分为五个层次：轨道交通规划纳入城市国土空间规划，与其他城市专项规划相衔接——轨道交通规划纳入城市国土空间规划，据此编制 TOD 综合开发策略和（或）TOD 综合开发专项规划——轨道交通规划纳入城市国土空间规划，同步编制 TOD 综合开发策略和 TOD 综合开发专项规划，启动控制性详细规划编制或调整——轨道交通规划纳入城市国土空间规划，同步编制 TOD 综合开发策略和 TOD 综合开发专项规划，线路工程可行性研究报告与沿线综合开发方案同步编制——轨道交通规划与城市国土空间规划同步编制，同步编制 TOD 综合开发策略和 TOD 综合开发专项规划，线路工程可行性研究报告与沿线综合开发方案同步编制、同步实施
		体系完善	相关政策配置是否合理，是否形成了系统化的政策体系；是否包括核心政策，是否包括配套政策以及配套政策的数量
	审批协调	审批流程	有没有相应的"绿色通道"、提升审批效率的原则或方式（比如，并联、预审等）、一定的审批部门保障（比如，专人、专门服务机构、纳入考核系统等）或者"特事代办""一事一议"等专项服务方式
		协调机制	是否存在综合开发领导小组（或类似组织）以及小组组长的行政级别如何

五是市场应用（表3）。在 TOD 开发模式落地实施过程中，由于土地储备、轨道交通建设、土地开发等环节涉及地方政府、城市轨道交通集团、开发商、设计单位等政府、国有企业与民营企业多元主体以及多重利益关系的协调。因此，能否充分发挥各主体优势，激发市场活力，从而形

成良好的多主体有序合作格局、推动城市轨道交通 TOD 模式顺利落地与可持续发展，需要相关政策在市场运用方面加以引导，特别是需要在市场主体准入与合作模式上有所作为。具体而言，主要包括两方面：

（1）参与主体。TOD 开发模式的落地实施一定是多主体充分合作的结果，具有天然的多主体参与特征。但在实际开发过程中，一些地方政府希望 TOD 开发能够更多反哺城市轨道交通建设资金，从而将 TOD 综合开发收益通过一定方式进行"锁定"，进而对民营企业的参与设置门槛或者限制条件。这种方式可能导致 TOD 综合开发的效率、效果大打折扣。从引导 TOD 市场健康发展的维度来看，鼓励多主体参与，尤其是充分发挥民营主体参与热情与活力仍是主流方向。据此，基于政策是否有鼓励民营企业或其他市场主体参与的规定、规定的翔实程度以及是否有优惠政策等指标来评价城市对 TOD 需求型政策工具的运用能力。

（2）合作模式。多主体之间的合作模式，尤其是市场主体通过怎样的方式参与进入 TOD 开发过程之中，也是发挥市场力量的重要内容之一。一般而言，明确多主体合作模式，给予民营主体同等的市场合作地位，推动多主体形成权责利优化分配格局是重要方向，也是评估这一政策的重要依据。

表 3：城市轨道交通 TOD 需求型政策工具基本构成

需求型政策工具	市场运用	参与主体	是否有鼓励民营企业或其他市场主体参与的规定、规定的翔实程度以及是否有优惠政策等
		合作模式	是否明确多主体合作模式，给予民营主体同等的市场合作地位，推动多主体形成权责利优化分配格局

（三）中国城市轨道交通 TOD 政策指数分析方法

如何通过政策文本的量化研究，规范测量政策文本中的若干重要特征变量，进而发现隐藏于文本背后的关于政策的选择及其变迁规律，是政策量化分析的核心内容。政策内容量化分析方法是一种半定量的研究方法，通过将政策文本中非量化、非结构化的信息转化为定量的数据，建立有意义的类目以分解政策文本内容，并以此来分析政策文献的某些特征。[1] 本报告主要采用政策文本分析法和专家评分法来对 46 个样本城市的 TOD 政策文本进行量化评估。

1. 政策文本分析法

政策文本分析作为一种比较纯粹的文本定量分析范式，旨在通过对原始政策文本的内容解读，总结归纳某些规律性现象或特点。使用文本分析法可有效识别文档中的主题，通过略读和精读文档剖析其对外传递的政策立场。[2]

在文本分析法中，与形式特征相比，文本的内容特征要更加复杂，话题、语气与遣词造句等诸多因素都可能直接导致文本的语义差异。内容特征是文本数据中非结构化程度较高的部分。通过对文本内容特征的描述性分析，可以进一步了解文本背后反映的复杂语义与倾向性，也可以进一步了解不同文本（语义结构）间的相互关系。[3] 由于 TOD 政策的形式特征差异性较小，而内容特征差异性大，因此本报告主要采用基于文本内容这种高难度但更准确的文本解析方式。

在具体操作过程中，根据中国城市轨道交通 TOD 政策框架体系，利用先验知识首先完成专家样本标注，利用标注样本开展团队内部学习。由于相关文本分析软件对于非结构性语义分析的结果存在较大偏差，研究团队最终采用依托部分机器分析结果，开展人工统一标注、交叉审核，进而从中提取每个城市在用地保障、综合开发、理念规划、审批协调和市场运用五大方面十二个指标的文本主题信息，完成对文本内容的完整解构。

---

[1]　黄萃，任弢，张剑. 政策文献量化研究：公共政策研究的新方向［J］. 公共管理学报，2015，12（02）：129-137.

[2]　BAKER S R, BLOOM N, DAVIS S J. Measuring Economic Policy Uncertainty［J］. Quarterly Journal of Economics, 2016, 131（4）：1593-1636；THORSRUD L A. Words are the New Numbers：A Newsy Coincident Index of Business Cycles［J］. Journal of Business & Economic Statistics, 2020, 38（2）：393-409.

[3]　黄萃，吕立远. 文本分析方法在公共管理与公共政策研究中的应用［J］. 公共管理评论，2020，2（04）：156-175.

2. 专家打分法

（1）专家打分法的主要内容

专家打分法是一种对定性描述进行定量化转化的方法。在具体实施过程中，本报告首先根据 TOD 相关理论与核心影响因素，将 TOD 政策按照五大层次十二个指标的评价体系进行分类，再根据各指标的内涵及要求制定 5 级评价标准，然后聘请领域内 10 位代表性专家对评价指标进行权重打分，确定各指标权重值，并经多轮反馈、讨论和综合，最终形成一致的评价标准与指标权重，在此基础上计算各城市 TOD 政策指数得分。

（2）专家打分法的主要步骤

运用专家打分法进行评分的步骤具体如下：

①选择专家。选取熟悉 TOD 领域、具有较高权威性和代表性的多领域专家。在充分考虑专家个体对评估结果的影响与评价成本，同时保证项目评估结果拥有满意的可靠性的基础上，选取涵盖轨道交通集团公司、轨道交通规划设计研究院、TOD 咨询公司、开发商、高校及研究院等相关交通政策分析专家、TOD 规划专家、交通运输规划专家、TOD 实操专家、轨道交通 TOD 与交通公共政策研究领域教授专家等共计 10 人。

②确定权重。10 位专家在互不影响的情况下，根据指标体系及其指标说明，独立对各指标的相对重要性进行判断，并确定各指标权重，五大层级指标权重之和为 1。

③划分等级。专家评估每个指标并确认划分其具体等级，为各等级赋予定量数值，用于判断城市 TOD 政策相关指标的不同表现及其所占等级。本报告将 TOD 政策各指标划分为五个等级，由低到高按照 1、2、3、4、5 打分。

④调整优化。将专家评分进行综合整理，借助专家意见协调程度、专家意见集中程度等指标来对专家打分情况进行评估。对存在较多分歧的指标进行分析同时做进一步专家意见征询。在调整完善的基础上，开启新一轮专家打分。如此往复，直到专家意见达成基本一致。在此过程中，专家意见协调程度、专家意见集中度主要通过变异系数、Kendall 协调系数等计

算得到。

变异系数的计算公式为：$V_i = \sigma_i / x_i$。其中 σ_i 为 i 指标评分的标准差，x_i 为 i 指标评分的算术平均值。V_i 与专家意见协调程度和专家意见集中程度成反比，即 V_i 越小，专家意见协调程度与专家意见集中程度越高。

Kendall 协调系数的计算公式为：$W = \dfrac{12}{m^2(n^3 - n)} \sum\limits_{i=1}^{n} d_i^2$。其中 m 为专家总数，n 为指标总数。$d_i$ 为第 i 个指标所对应的等级评分的和与所有指标等级评分和的算术平均值的差值。协调系数 W 与专家意见协调程度成正比，即 W 越大，专家意见协调程度越高。

⑤计算指数得分。将 12 个指标权重与对应的等级分别相乘，求出 12 个指标得分。根据对应层次加总得到五大层次指数得分，在此基础上，将五大层次指标得分分别与对应权重相乘（表 4），加总得到对应城市 TOD 政策指数的最终得分。

表 4：中国城市轨道交通 TOD 政策指数构成及权重

一级指标	权重	二级指标	权重
用地保障	0.23	土地储备	0.65
		土地优惠	0.35
综合开发	0.20	分级分类	0.30
		容积率	0.40
		立体开发	0.30
理念规划	0.20	理念认知	0.25
		规划融合	0.45
		体系完善	0.30
审批协调	0.19	协调机制	0.55
		审批流程	0.45
市场运用	0.18	参与主体	0.50
		合作模式	0.50

（四）中国城市轨道交通 TOD 政策指数数据来源与变动说明

城市 TOD 政策文本是 TOD 政策指数最基础亦是最核心的资料。本报告对 TOD 政策文本的筛选遵从如下原则：一是与 TOD 直接相关的"总体指导性政策"，例如，关于轨道交通场站综合开发的实施意见、轨道交通场站综合开发实施细则、轨道交通场站地区规划管理办法、轨道交通场站周边用地管理办法等；二是与 TOD 直接相关的"技术实施型政策"，例如，轨道交通 TOD 范围土地容积率调整工作方案、轨道交通场站 TOD 技术指引、轨道交通站点一体化城市设计导则、轨道交通站点周边土地与空间复合利用管理规定、轨道交通站点周边土地专项储备与规划控制管理办法等；三是不直接针对 TOD 发展，但从产权制度改革、投融资体制、管理体制机制等角度对 TOD 实际运作影响重大的"制度体制性政策"，例如，城市轨道交通条例、轨道交通周边国有土地使用权作价出资实施办法、地下空间开发利用管理办法、轨道交通建设和 TOD 综合开发领导小组议事规则等。当然，也有一些城市 TOD 政策是上述三类政策导向的结合体。根据以上原则，本报告筛选收集了 2022 年 12 月 31 日之前处于有效期（或没有明确标注有效期）的城市层面 TOD 政策文本①，形成本文已开通轨道交通（主要关注地铁）的 46 个城市的 TOD 政策文本库。

遵循公开性、权威性、相关性原则，本报告的样本资料主要来源于公开的数据资料，主要包括政府网站、行业门户网站等，并通过回溯、关联检索扩大搜索范围。与此同时，由于一些城市部分 TOD 政策文本虽可搜索到相应政策名称，但无法获得对应文本，本报告主要通过城市轨道交通协会、相关咨询公司、轨道交通集团公司等渠道获取。而对于通过上述渠道均无法获取的资料或城市对于政策名称及内容均不公开的资料，不进入本报告文本库。

2023 版指数报告中样本城市新增的与 TOD 相关的政策、规划文本如下（表 5）：

---

① 需要特别说明的是，有些核心政策文本虽然已过有效期，但在实践中，因尚未有新的政策出台或未出台相关公告进行修正或延期执行，原则上还是照旧执行。当然，为了限制这类政策文本的无限使用，本报告以政策文本有效期后五年为限。

表5：2023版指数报告样本城市新增与TOD相关的政策

城市	政策/规划名称	政策/规划要点
深圳	《深入实施交通强国战略建设更高质量国家公交都市示范城市三年行动方案（2022—2024年）》	强调轨道交通综合开发，推动枢纽支撑，创新枢纽场站综合开发与运营管理，以TOD理念促进站城一体化，推进分层设权、分层供地模式，加强轨道交通场站周边统筹开发，加大轨道交通枢纽上盖及周边保障住房建设
东莞	《关于进一步完善轨道交通建设和轨道资源开发双向反哺机制全力推动轨道交通高质量发展的意见》	优化轨道资源开发利用机制，推动轨道交通与城市功能深度融合，实施市级主导、市镇联合、镇街主导的工作模式，推进TOD地区土地复合开发利用，构建新型投融资体系，实现轨道交通建设与土地综合开发的平衡发展。建立健全"基础补偿+增值共享"机制，对土地及地上建（构）筑物、附着物给予公平合理补偿，以增值共享等方式实现利益共享
佛山	《佛山市轨道交通发展"十四五"规划》	以轨道交通引导城市规划，实现多层次一体化轨道交通网络，重点推进站点周边综合开发，促进城市高质量发展
南京	《南京市轨道交通车辆基地上盖综合开发利用规划管理办法》	明确规划编制要求，分层编制轨道交通设施层和上盖综合开发层的规划条件，强调综合开发控制性详细规划与城市设计的协调，以及确定土地收储模式和收储计划，推进高品质多元化TOD综合开发
杭州	《杭州市轨道交通TOD综合利用专项规划》	推动交通强国示范城市建设，实现高质量发展，构建功能综合化、开发立体化、出行便捷化的TOD城市节点。规划形成了"六区二十一片"TOD重点发展区，以及"特级、Ⅰ级、Ⅱ级"三类TOD分级指引及规划控制引导
	《杭州市综合交通发展"十四五"规划》	落实TOD发展理念，加强规划衔接保障，加强轨道沿线用地规划控制及站点周边用地开发。注重以社区生活圈打造为重点进行TOD开发，提高轨道TOD发展质量，打造站城一体标杆和城市TOD开发的2.0版本
宁波	《宁波市综合交通发展"十四五"规划》	系统实施步行范围内高密度混合、远密度递减的以公共交通为导向的用地（TOD）开发策略，科学引导用地布局多中心、职住平衡发展

续表

城市	政策/规划名称	政策/规划要点
无锡	《关于推进轨道交通场站及周边土地综合开发的实施意见》	推动轨道交通场站及周边土地综合开发，加强规划、政策、资源配置等，推进"站城一体化"开发模式
北京	《北京市"十四五"时期重大基础设施发展规划》	构建交通圈、增加轨道交通总里程、推动站点改造、优化周边接驳、推进商业开发模式等，以促进城市交通和城市协调发展
北京	《北京市轨道交通场站与周边用地一体化规划建设实施细则（试行）》	强调加强统筹，深化顶层设计，建立一体化规划体系；加强轨道交通规划设计与城市规划体系各阶段的横向融合，明确一体化规划编制主体；明确轨道交通建设审查审批路径和资金来源，为既有的优化提升提供了清晰的路径和政策依据
济南	《济南市"十四五"综合交通运输发展规划》	推动轨道交通场站 TOD 综合开发，充分考虑场站能级、区位条件、资源禀赋、周边用地开发难度等因素，统筹轨道交通场站综合开发工作，完善周边公交、慢行体系，引导城市功能、人口向轨道站点周边集聚，切实发挥轨道交通建设对城市发展的引领作用
济南	《济南市城市更新专项规划（2021—2035 年）》	推动 TOD 综合开发建设，促进场站立体化、综合化、一体化可持续发展，带动周边区域城市更新，对以轨道交通为主体的大容量公共交通站点周边用地进行整合和功能调整，完善片区多元功能，实现站点与周边居住、商业、办公等各类空间的互通可达
青岛	《青岛市城市更新和城市建设三年攻坚行动方案》	综合运用公共交通导向开发（TOD）、社会服务设施建设导向开发（SOD）以及规划理性预期引导（AOD）等多种开发模式，推动片区多元复合。按照"站城一体、产城融合、功能复合"原则，推进地铁沿线公共交通导向开发（TOD），力争到 2024 年年底实现 21 个公共交通导向开发项目落地

续表

城市	政策/规划名称	政策/规划要点
武汉	《武汉市交通强国建设试点实施方案》	推进站城一体化建设，按照"多层次、全要素、全周期"的工作原则，构建一套以公共交通导向为核心的武汉都市圈地铁城市实施模式
	《武汉市一刻钟便民生活圈国家试点城市建设实施方案》	支持"地铁+商业"运营模式。支持武汉地铁集团大力发展地铁商业，以交通站点为中心，整合利用地铁空间资源，引入商业服务设施，建设一批包括办公、商业、文化、休闲等功能的地铁 TOD 项目
南昌	《南昌市"十四五"交通运输专项规划》	探索土地综合片区开发模式，建立"轨道交通+土地开发"的可持续建设运营机制
洛阳	《洛阳市"十四五"综合交通运输体系和枢纽经济发展规划》	发展枢纽经济，坚持 TOD 发展导向，探索综合开发新模式。在新改建高铁枢纽、城际铁路枢纽、城市轨道交通枢纽、公路客货运站、公交综合车场和口岸枢纽中采用分层确权模式，拓宽投融资渠道，建立健全土地增值反哺制度，在保障交通功能前提下，鼓励采用市场化手段进行综合开发
成都	《成都市人民政府关于进一步加强土地出让及供后管理的实施意见》	规范土地出让前期管理，实行供应计划市级统筹，严格实行"净地"出让审查，规范确定供地方式、规模和价格；优化产业项目用地管理，严格土地出让审批管理，深化土地出让交易管理，强化土地出让监督管理等
重庆	《重庆市城市基础设施建设"十四五"规划（2020—2025 年）》	强调通过轨道交通引领城市发展，统筹干线铁路、城际铁路、市域铁路、城市轨道建设，构建通勤便捷的轨道交通网络。强调推动 TOD 综合开发，支持地方投资平台活化资产，加强资金保障，促进城市基础设施发展
	《重庆市城市更新提升"十四五"行动计划》	推动综合交通枢纽"站城一体"发展，大力发展枢纽型经济，强化枢纽和配套集疏运交通设施同步建设、同期投入运营。按照"先试点后推广"的原则，分批次组织实施主城都市区轨道交通场站 TOD 综合开发项目，培育功能复合的城市发展新空间

城市	政策/规划名称	政策/规划要点
贵阳	《贵阳市"十四五"交通建设专项规划（2021—2025年）》	充分利用轨道交通区位优势，促进公共交通引领城市发展（TOD），通过积极引导轨道交通沿线用地进行节约、集约、合理开发，实现土地高效集约利用，促进城市空间形态优化、功能品质提升。"十四五"期间，重点开展交通与土地利用一体化综合开发相关项目编制及轨道、环铁沿线14项交通与土地利用一体化综合开发研究项目
	《加快推进贵阳贵安轨道交通和市域快铁站点及周边土地TOD综合开发利用行动方案》	统筹土地集约利用、绿色交通主导、出行便捷高效等要素，通过交通与土地利用一体化综合开发推进贵阳贵安轨道交通和市域快铁站点及周边土地综合开发利用，促进产业布局优化，改善用地形态，提高站点周边用地综合价值，打造"轨道上的贵阳，枢纽上的城市"
兰州	《兰州市轨道交通条例》	在保障运营安全的前提下，轨道交通建设可以对关联的国土空间实施综合开发。综合开发应当充分利用地上、地下空间资源，与轨道交通建设同步规划、联动供应、立体开发，促进土地集约节约利用，引领城市建设发展
	《兰州市"十四五"城乡基础设施建设发展规划》	在中心城区城市出入口、轨道交通首末站及公交场站附近建设P+R换乘系统，规划建设8个P+R停车场

三、中国城市轨道交通 TOD 政策指数总体排名与解读

（一）城市总体排名与解读

本报告选取了46个轨道交通样本城市进行评估。相比2022年的TOD政策指数报告，2023年的报告中增加了三个城市：南通市、金华市和台州市，这三个城市于2022年开通了第1条轨道交通市域线。借助上述评价逻辑与方法，计算得到46个轨道交通城市的TOD政策指数。从总体上看，46个样本城市的TOD政策指数分布并不均衡，90%的城市TOD政策指数分布在

1.0~2.5 之间，59%的城市 TOD 政策指数得分低于 1.77，在平均值以下，得分在 2.0 以下的城市达到了 71.7%；而有 6.5%的城市 TOD 政策指数在 3.0 以上，得分在 4 以上的城市仅有 4.3%。因此，TOD 政策指数的分布差异化较大，偏度（偏态系数）大于 0，全样本的 TOD 政策指数呈现出右偏态的格局（图3）。

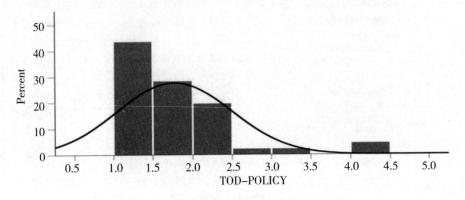

图3：TOD 政策指数分布及其描述性统计特征

从中国城市轨道交通 TOD 政策指数的总体城市排名来看（图4），成都和东莞两座城市的 TOD 政策指数仍遥遥领先，分别为 4.3340 和 4.2425，位居 46 个样本城市中的第一和第二位。在排名前十的城市中，仍只有上海和广州为一线城市，其余城市诸如武汉、杭州、福州、苏州、重庆、贵阳均为二线新兴城市，TOD 政策推进力度较高，可能的原因一方面是与发展比较成熟的城市相比，二线新兴城市拥有更多的可开发土地，在推动 TOD 开发落地过程中拥有更大的可规划实施空间，进一步表明了土地保障在推进 TOD 开发过程中的重要作用；另一方面，与市场运作机制发展更成熟、市场主体力量比较强大的超大型城市相比，二线新兴城市虽然拥有较大的市场运作空间，但总体而言其市场机制并不十分成熟，市场主体力量不够强大，因此面对复杂度高、风险大且又与城市发展密切相关的 TOD 模式，这些城市更倾向于通过政策工具发挥引导作用。与此同时，TOD 政策相对比较完备的成都市与东莞市亦为后续新兴城市开展 TOD 政策学习提供了便利，降低了政策学习成本，这也在一定程度上助推了新兴城市 TOD 政策的出台。

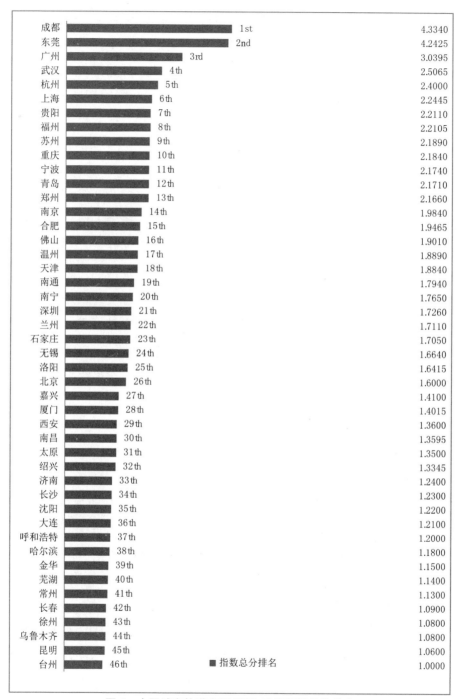

图 4：中国城市轨道交通 TOD 政策指数总体排名

南通、金华、台州是 2023 年新增的样本，它们的加入为城市轨道交通 TOD 的发展注入新的活力。南通市 2022 年底完成了首个 TOD "三区三线"项目的划定。金华市万达南 TOD 项目 2023 年 3 月底正式开工，标志着金华市交投集团与金华市城投集团开启携手营城、联动发展的新篇章。台州市同样开发了以传统公交为基础的"轻量级"项目，取得了不错的成效。在三个城市中，南通市的 TOD 政策指数位居第 19 位。南通市在 2021 年印发《关于推进轨道交通场站及周边土地综合开发的实施意见的通知》（通政办发〔2021〕24 号），提出加快构建"轨道交通+物业"的新型发展模式；在土地保障方面，明确了综合开发用地范围，原则上以轨道交通站点为中心，按照一般站点半径 500 米、换乘站点半径 800 米规划预留轨道交通综合开发用地，同时规定可以根据中远期轨道交通线网规划，对现有轨道交通场站及周边地块以外的土地进行预控；规定综合开发用地可分层设立用益物权，并支持地上、地下空间按照不同功能单独开发；成立轨道交通综合开发工作领导小组等进一步完善管理体制机制。2022 年 11 月，南通市人民政府国有资产监督管理委员会发文表示，"幸福车辆段站城一体化开发项目"作为南通市首个站城融合 TOD 项目，正式完成了项目"三区三线"调整划定，该项目同时也是南通市首个采用"轨道+物业"开发模式的场段项目。相较而言，金华与台州尚处研究、探索阶段，在 TOD 政策方面尚无更多行动。

另一方面，新兴城市之间的 TOD 政策指数表现也存在明显分化，TOD 政策指数排名后十位城市，均为二、三线城市。从总体得分上看，大多数二、三线城市在 TOD 政策出台上仍处于观望、探索、尝试阶段，对 TOD 开发的推进态度仍相对比较慎重。尤其是当前房地产市场面临较大困难，经济发展下行压力大，一些地方政府财政相对困难，这也在一定程度上影响了部分城市对 TOD 模式推进的热情。此外，通过绘制 TOD 政策指数与城市生产总值（GDP）、城市人口规模（POP）的相关关系图，可明显看出 TOD 政策指数与城市经济发展水平、城市人口规模呈正相关关系，即总体上看，城市经济发展水平越高、城市人口规模越大，城市的 TOD 政策指数也越高（图5）。虽然每个城市的地理条件、管理模式、发展思路均有差异，但这也在一定程度上解释了新兴城市 TOD 政策指数分化严重的现象。

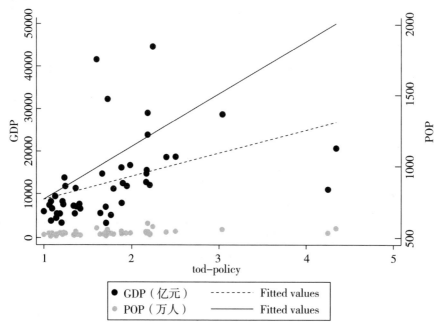

图 5：中国城市轨道交通 TOD 政策指数与 GDP、人口规模的关系

与 2022 版相比，2023 版杭州市、温州市、无锡市三个城市的轨道交通 TOD 政策指数有显著增长，与 2022 年相比，杭州市与无锡市 2023 年排名上升 7 个位次，温州市上升 5 个位次（见表6）。具体而言，杭州市 2022 年正式印发《杭州市轨道交通 TOD 综合利用专项规划》，将区域能级高、开发潜力大、轨道交通服务功能强的片区划定为"TOD 重点发展区"，形成以核心片区、东部片区、南部片区、西部片区、北部片区、拓展片区为总体分区的"六区二十一片"发展格局。同时形成明确的 TOD 分级体系，构建特级、Ⅰ级、Ⅱ级的 TOD 分级体系，并根据级别分别提出分圈层规划控制引导方案。这一规划的通过标志着杭州市轨道交通 TOD 综合开发进入了一个新阶段，政策指导、保障力度均有明显提升。温州市近年加大了对 TOD 的重视程度，在"十四五"规划中明确提出对 TOD 开发模式的重视

与支持，同时于 2021 年底正式印发了《温州市"十四五"城市轨道交通 TOD 整体发展专项规划》，对温州市 TOD 综合开发的既有规划进行了系统梳理，并进一步明确了温州市 TOD 综合开发的发展目标、重点任务，其中对 TOD 综合开发进行了分级分类论述，并提出了相应的保障措施，政策支持力度明显提升。无锡市于 2022 年正式印发《市政府办公室关于推进轨道交通场站及周边土地综合开发的实施意见》（锡政办发〔2022〕44 号）标志着无锡开始由轨道交通规划建设阶段迈向综合开发阶段，上述《实施意见》从加强规划统筹、完善政策配套、强化资源配置、优化开发方式等方面，针对轨道交通场站及周边土地开发提出相关举措，在一定程度上扫除了无锡市轨道交通 TOD 综合开发的政策障碍。

表 6：中国城市轨道交通 TOD 政策指数排名变化表

城市	2023 年 TOD 指数	2023 年排名	2022 年 TOD 指数	2022 年排名	排名变化	TOD 指数变化
成都	4.3340	1	4.3340	1	0	0
东莞	4.2425	2	4.2425	2	0	0
广州	3.0395	3	3.0395	3	0	0
武汉	2.5065	4	2.4065	4	0	0.1
杭州	2.4000	5	2.1700	12	7	0.23
上海	2.2445	6	2.2445	5	−1	0
贵阳	2.2110	7	2.2110	6	−1	0
福州	2.2105	8	2.2105	7	−1	0
苏州	2.1890	9	2.1890	8	−1	0
重庆	2.1840	10	2.1840	9	−1	0
宁波	2.1740	11	2.1740	10	−1	0
青岛	2.1710	12	2.1710	11	−1	0

城市	2023年TOD指数	2023年排名	2022年TOD指数	2022年排名	排名变化	TOD指数变化
郑州	2.1660	13	2.1660	13	0	0
南京	1.9840	14	1.9840	14	0	0
合肥	1.9465	15	1.9465	15	0	0
佛山	1.9010	16	1.9010	16	0	0
温州	1.8890	17	1.6795	22	5	0.2095
天津	1.8840	18	1.8840	17	−1	0
南通	1.7940	19	新增	新增	新增	新增
南宁	1.7650	20	1.7650	18	−2	0
深圳	1.7260	21	1.7260	19	−2	0
兰州	1.7110	22	1.7110	20	−2	0
石家庄	1.7050	23	1.7050	21	−2	0
无锡	1.6640	24	1.2500	31	7	0.414
洛阳	1.6415	25	1.5915	24	−1	0.05
北京	1.6000	26	1.6000	23	−3	0
嘉兴	1.4100	27	1.3300	25	−2	0.08
厦门	1.4015	28	1.4015	26	−2	0
西安	1.3600	29	1.3600	27	−2	0
南昌	1.3595	30	1.3595	28	−2	0
太原	1.3500	31	1.3000	30	−1	0.05
绍兴	1.3345	32	1.3345	29	−3	0
济南	1.2400	33	1.1900	35	2	0.05
长沙	1.2300	34	1.2300	32	−2	0

续表

城市	2023年TOD指数	2023年排名	2022年TOD指数	2022年排名	排名变化	TOD指数变化
沈阳	1.2200	35	1.1700	36	1	0.05
大连	1.2100	36	1.2100	33	−3	0
呼和浩特	1.2000	37	1.2000	34	−3	0
哈尔滨	1.1800	38	1.0800	39	1	0.1
金华	1.1500	39	新增	新增	新增	新增
芜湖	1.1400	40	1.1400	37	−3	0
常州	1.1300	41	1.1300	38	−3	0
长春	1.0900	42	1.0900	39	−3	0
徐州	1.0800	43	1.0800	39	−4	0
乌鲁木齐	1.0800	44	1.0800	42	−2	0
昆明	1.0600	45	1.0600	43	−2	0
台州	1.0000	46	新增	新增	新增	新增

（二）成网城市与未成网城市排名

政策的出台往往是对现实需求的一种回应。考虑到轨道交通不同发展水平的城市，其 TOD 政策需求存在差异，一般而言，轨道交通线网相对比较完善的城市，其有更多的动力与需求进行 TOD 综合开发。而一个城市轨道交通是否成网（一般认为轨道交通线路在 3 条及以上的城市为轨道交通成网城市），将在一定程度上反映城市轨道交通发展水平。为此，本报告将 46 个样本城市分为两大类：成网城市（轨道交通线路 3 条及以上的 31个城市）和未成网城市（轨道交通线路 3 条以下的 15 个城市），并分别进行排名，以反映城市轨道交通发展水平差异与 TOD 政策之间的关系。

具体而言，通过对两组数据的描述性分析，可以看出成网城市的均值更大，方差更小，达到的 TOD 政策指数最大值更大（图 6），从而总体上表明成网城市伴随着轨道交通运营线路的增加，对 TOD 综合开发的诉求不断上升，也更倾向于通过政策手段推动 TOD 模式的发展与落地，从而成网城市的 TOD 政策指数总体较高。进一步将成网城市与未成网城市的轨道交通运营里程与城市轨道交通 TOD 政策指数做相关性分析（图 7），可以看出成网城市的轨道交通运营里程与 TOD 政策指数间呈现出明显正相关关系（直线拟合线），而这一现象在未成网城市中并不显著（虚线拟合线）。

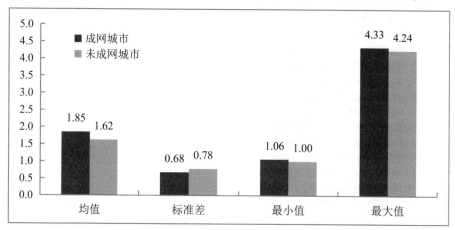

图 6：成网城市与未成网城市的 TOD 政策指数的描述性统计

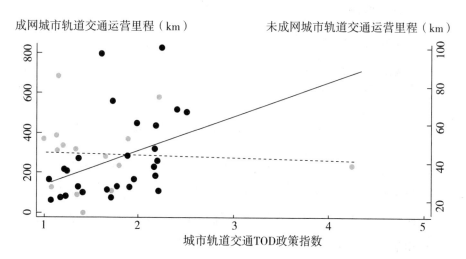

图 7：成网城市与未成网城市轨道交通运营里程与轨道交通 TOD 政策指数的关系

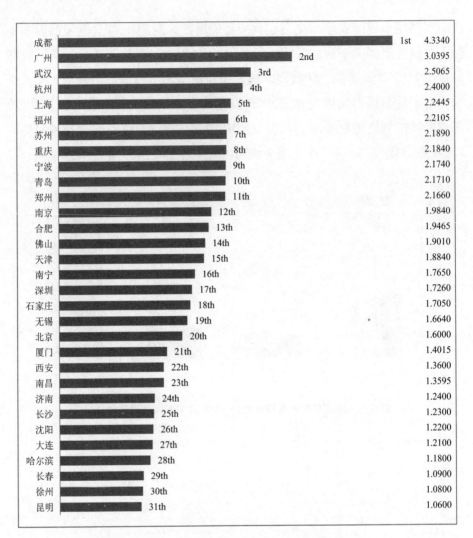

图 8：中国城市轨道交通 TOD 政策指数成网城市排名

　　从成网城市来看，新兴发展城市包括成都、重庆等西部地区城市，武汉等中部地区城市，杭州、福州、苏州、宁波、青岛等东部沿海城市进入前十（图 8）。其中处于西部地区的成都与重庆表现亮眼，可能的原因一方面是这两个城市轨道交通在近年来均得到较快发展。截至 2022 年 12 月 31 日，成都市轨道交通运营里程为 557.8 公里，重庆市轨道交通运营里程为 434.6 公里，分别位居我国开通运营城市轨道交通的 53 个城市的第 5 位

和第 9 位。伴随成渝地区双城经济圈建设的持续快速推进，成渝地区加快
建设"轨道上的都市圈"以及综合交通网络的国家"第四极"，成都与重
庆均拥有巨大的轨道交通发展潜力，同时也拥有推进 TOD 综合开发的巨大
需求。另一方面，成都市与重庆市同处西部地区，市场开放度与市场主体
量级仍处于快速培育阶段，亟须政府给予政策支持与推动；同时成渝地区
双城经济圈建设的重大机遇也为成渝提供了优惠政策、赶超政策，提供了
平台支持与诉求。中部地区城市武汉市为全国重要的交通枢纽城市，近年
来武汉市城市轨道交通发展十分迅速，截至 2022 年 12 月 31 日，武汉市轨
道交通运营里程为 504.3 公里位居我国开通运营城市轨道交通 53 个城市的
第 7 位。武汉市政府不仅在推动中欧班列等对外通道方面的态度十分积
极，在发展城市内部交通，尤其是依托城市轨道交通发展城市的诉求也十
分强烈，从而在 TOD 政策的推进上力度较大。东部地区杭州、福州、苏
州、宁波、青岛等城市的 TOD 政策指数表现突出，近三年均有较大力度的
TOD 核心政策出台，为本区域 TOD 模式的落地实施提供了重要保障。

在超大型一线城市中，广州市、上海市的政策表现比较好。作为经济
发达、市场相对成熟的超大城市，广州市、上海市更鼓励引入市场主体及
其多主体合作模式，同时在践行 TOD 理念方面也更精细化，比如，在线网
规划融合、容积率标准制定、地上地下一体化开发等方面均有比较明确与
细致的规定。深圳市、北京市虽然很早就开始 TOD 开发模式探索，初期也
出台了有力的政策支持，其中深圳市的土地作价出资等方式也成为后发城
市学习的榜样。但近年来，随着原有政策过期、新政策尚无接续，再加上
城市本身发展比较成熟、可开发用地相对短缺等一系列因素，深圳市、北
京市目前的 TOD 政策指数得分较低。但从城市特性与政策发展视角来看，
这些城市正在大力探索 TOD 开发模式与城市更新的融合，这也将成为未来
TOD 政策发展的重要方向之一。

未成网城市中，排名前五的城市为东莞、贵阳、温州、南通、兰州
（图 9）。其中东莞目前开通运营城市轨道交通线路仅有 1 条，运营里程为
37.8 公里。但自东莞地铁 2 号线于 2016 年 5 月 27 日正式开通运营以来，

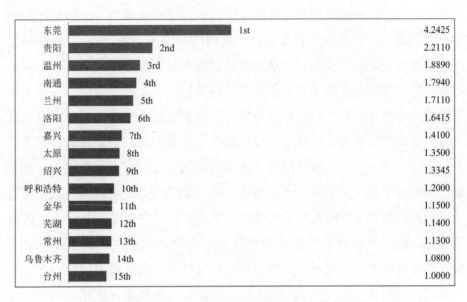

图 9：中国城市轨道交通 TOD 政策指数未成网城市排名

东莞即开启了轨道交通站点 TOD 综合开发的相关政策研究，在此过程中陆续出台《东莞市轨道交通站场地区规划管理办法》（东府〔2018〕28 号）《东莞市轨道交通站点周边土地专项储备管理办法》（东府〔2018〕29 号）《东莞市轨道交通站场周边土地综合开发及站场综合体建设实施细则》（东府〔2018〕86 号）《东莞市轨道交通站场 TOD 与 TID 规划研究技术指引（试行）》《东莞市轨道交通 TOD 范围土地容积率调整工作方案》《东莞市人民政府关于印发东莞市轨道交通 TOD 范围内城市更新项目开发实施办法的通知》（东府〔2021〕3 号）等大量与 TOD 综合开发直接相关的政策文本，2022 年东莞市进一步发布了《东莞市人民政府关于进一步完善轨道交通建设和轨道资源开发双向反哺机制全力推动轨道交通高质量发展的意见》（东府〔2022〕57 号），为东莞市伴随轨道交通建设开展同步一体化 TOD 规划及开发提供了重要保障，因此东莞市 TOD 政策指数得分比较高。

紧随其后的贵阳目前开通运营了 2 条轨道交通线路，温州、南通、兰州各开通 1 条轨道交通线路，其中南通作为首次进入排名的城市，其轨道交通 1 号线于 2022 年 11 月正式开通运营。总体来看，未成网城市间 TOD

政策指数的分化较大，一些城市在轨道交通线路开通运营伊始就开启 TOD 综合开发模式的探索，并借鉴先行城市经验，出台了一系列保障 TOD 落地的政策，实现城市轨道交通与 TOD 开发同时推进。另一些城市对 TOD 发展尚处在观望状态，一方面是因为城市本身的轨道交通线网尚不完善；另一方面则更多是对 TOD 模式、落地实施路径及其可能收益的不确定性，尚处于学习、观摩阶段，未实质性开展 TOD 综合开发的一系列政策先行活动。但从当前发展趋势来看，越来越多的轨道交通新兴城市对 TOD 的热情更加高涨，也更倾向于实现轨道交通与 TOD 综合开发的一体化推进。

（三）基于轨道交通线网运行时间排名

一个城市的轨道交通 TOD 政策指数与城市可开发用地规模密切相关。但由于城市发展阶段不同，城市自身可开发用地规模存在巨大差异。TOD 理念自 20 世纪 90 年代进入中国，但直到 2015 年之后才被越来越多的城市所接受，因此一些轨道交通先行城市的轨道交通建设、城市开发均早于 TOD 理念的接受时间，从而导致这些城市在 TOD 模式实践过程中面临十分严峻的可开发用地限制，难以进行一体化设计与开发。而新兴城市的轨道交通建设、城市大规模开发与 TOD 理念接受时间大体一致或略微滞后，从而这些城市更容易在轨道交通建设较早阶段就借助大规模可开发用地展开 TOD 政策研究与实践探索，因此也拥有更高的 TOD 政策指数。考虑到可能存在的因轨道交通建设运营时间早晚而产生的显著指数排名差异，基于一般轨道交通运营 5 年及以上才会相对比较成熟，本报告将全样本 46 个城市划分为三个类型进行分别排名：轨道交通运营时间在 5 年以下（包括 15 个样本城市）；轨道交通运营时间在 5~10 年之间（包括 14 个样本城市）；轨道交通运营时间在 10 年以上（包括 17 个样本城市）。

具体来看，将中国城市轨道交通 TOD 政策指数按照运营时间进行分类后发现（图 10），总体上轨道交通运营时间越长的城市，其 TOD 政策指数的均值与最大值越大，但同时标准差也越大，表明组内异质性比较明显。值得注意的是，轨道交通运营时间在 5~10 年之间的样本城市中，其 TOD 政策指数的最小值最大，表明在轨道交通运营相对比较成熟，同时轨道交通建设、城市发展和 TOD 理念深入人心时间较为一致的城市，总体上对

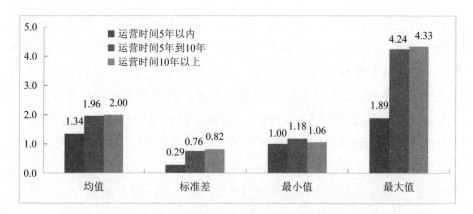

图 10：基于运营时间的中国城市轨道交通 TOD 政策指数描述性统计

TOD 政策的接受程度较高，从而 TOD 政策指数的得分总体较高。与此同时，轨道交通运营时间在 5 年以内的城市，TOD 政策指数的均值、最大值、最小值均显著低于其他两组样本，且其标准差仅为 0.29，表明样本组别的内部差异较低，即轨道交通运营时间较短的城市，总体上对 TOD 政策的需求度、实施度均比较低。

具体来看，轨道交通运营时间在 5 年以下的城市，其轨道交通发展阶段基本处于 TOD 理念已被广泛认识与深入理解的阶段，因此这些城市往往也对 TOD 理念的认同度和关注度可能会比较高，但由于这类城市大多还面临轨道交通建设运营经验不足、对于城市轨道交通运营与综合开发的复杂关系处理面临更大困难等关键问题，所以当前这些样本城市的 TOD 政策得分总体较低（图 11），其中排名第一位的温州市，其轨道交通 TOD 政策指数得分也仅为 1.8890。但仔细解读这 15 个城市的 TOD 相关政策文本，发现其中亦存在些许区别：经济基础相对比较好或轨道交通运营经验相对丰富的城市，更倾向于着手 TOD 综合开发，充分利用轨道交通建设运营与TOD 开发同时序的优势，探索出台土地综合开发实施意见等政策，着手推动城市 TOD 综合开发格局的形成，即 TOD 政策已进入起步阶段。其中温州、南通等城市就属于这一类。经济基础相对比较弱或轨道交通运营经验不足，以及 TOD 综合开发所需的土地、规划、资金和市场等核心要素准备不足的城市，更倾向于持谨慎观望态度，将主要精力放在轨道交通建设运

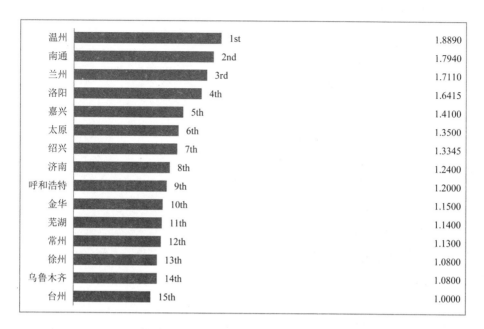

图11：轨道交通运营5年以下城市TOD政策指数排名

营方面，同时对 TOD 开发模式保持关注。如芜湖、常州、徐州、乌鲁木齐、台州等城市可以归于此类。与此同时，轨道交通运营时间在 5~10 年间的城市，总体上城市轨道交通 TOD 政策指数相较轨道交通运营时间在 5 年以内的城市有明显提升（图 12）。这一阶段的城市，由于其城市轨道交通运营与 TOD 理念在国内的传播时间基本同步，尤其是近年来随着 TOD 理念大火，这些具有一定轨道交通建设、运营经验，同时也具有比较强烈的城市发展需求的城市，拥有进行 TOD 开发的巨大潜力。但与此同时，由于 TOD 模式的复杂性、不确定性，这些城市大多比较谨慎，结合自身城市发展特性，借鉴先行城市的成功经验，开始有针对性地出台一些 TOD 政策进行尝试。除东莞市在轨道交通线路开通运营伊始就开启 TOD 综合开发模式的探索，短期内出台了一系列 TOD 相关政策，目前大多数城市都采取稳步推进的方式开展 TOD 政策的探索、研究与出台，其中贵阳、福州、宁波、青岛、郑州等城市均取得了一定进展。轨道交通运营时间在 10 年以上的城市，其轨道交通发展大多伴随着 TOD 理念在中国的起步与快速发展

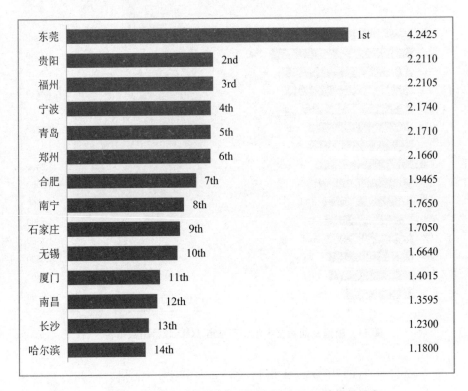

图 12：轨道交通运营 5~10 年城市 TOD 政策指数排名

以及走向成熟的整个或较长阶段，其中一些轨道交通城市，如深圳市、上海市、北京市等对 TOD 理念的实践探索与理论总结，直接促进、推动了TOD 理念在中国的进一步深入发展，为 TOD 理念逐渐上升为城市发展模式做出了重要贡献。但这些城市前期的探索主要关注基于车辆基地开展TOD 开发，对于普通站点及其全域轨道交通站点开展 TOD 开发的模式仍缺乏相应的政策支持。而且后续随着城市开发建设日益成熟，可开发用地减少，以及市场主体力量增强等因素，这些城市的 TOD 开发强度与力度均明显下降，相关的政策支持一度停滞，新一轮的政策探索尚处酝酿之中。相较而言，广州市的轨道交通 TOD 政策更丰富，在土地保障、综合开发、规划设计、协调机制等方面均做出较详细的规定，从而推动了区域范围内TOD 项目的快速推进。与此同时，那些轨道交通运营里程长、运营时间长、正处于城市扩张阶段、有较强城市发展雄心的轨道交通城市，更倾向于乘上 TOD 开发模式的东风，带动城市高质量发展，也更愿意加大政策出台力度，探索整合多方主体力量，形成更具效率的 TOD 政策推进模式，比如，成都、武汉、杭州、苏州、重庆等（图 13）。

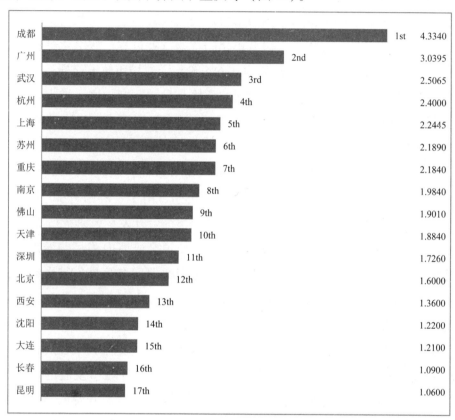

城市	排名	指数
成都	1st	4.3340
广州	2nd	3.0395
武汉	3rd	2.5065
杭州	4th	2.4000
上海	5th	2.2445
苏州	6th	2.1890
重庆	7th	2.1840
南京	8th	1.9840
佛山	9th	1.9010
天津	10th	1.8840
深圳	11th	1.7260
北京	12th	1.6000
西安	13th	1.3600
沈阳	14th	1.2200
大连	15th	1.2100
长春	16th	1.0900
昆明	17th	1.0600

图 13：轨道交通运营 10 年以上城市 TOD 政策指数排名

四、中国城市轨道交通 TOD 政策指数分项指标排名与解读

（一）理念规划政策指数排名与分析

理念规划政策指数由"理念认知""规划融合""体系完善"三个二级指标加权得到，满分为 5 分。其中，"理念认知"的权重为 0.25，"体系完善"的权重为 0.3，"规划融合"权重最高，为 0.45。理念规划政策是一个城市推动 TOD 开发模式意愿、认知等的综合反映。

1. 理念认知指标

理念认知描述的是地方政府在政策层面是如何看待 TOD 发展模式的。TOD 理念从 20 世纪 90 年代进入中国以来，在很长一段时间并未得到城市管理者的关注。这一方面与中国城市轨道交通运营里程不够长有关，另一方面彼时大多数城市正历经人口城镇化的快速发展过程，城镇化过程中其他矛盾与需求暂时掩盖了对 TOD 模式的讨论；随着城市轨道交通运营里程的大幅提升，城市内人、地、交通间的矛盾凸显并逐渐加剧，城市管理者越来越希望能够找到一种集约紧凑又高效的城市发展模式，而此时 TOD 理念越来越受到关注。

在理念认知分项指标上，成都和武汉得分最高，东莞、广州、宁波、北京、南通、青岛、重庆、上海、嘉兴、杭州、南宁、济南等 20 个城市紧随其后（图 15）。其中，成都市基于"城市综合开发运营理念"来对全市的轨道交通站点进行规划和设计，将城市轨道交通 TOD 发展与城市运营相结合，理念认知层次高，从而对城市轨道交通 TOD 的实践发展形成了良好的认知基础支撑；武汉市 TOD 认知理念较成熟，提出以服务人民群众出行为根本目标，通过 TOD 项目的建设，强化对周边居民区、商业区、交通枢纽等客流密集区域的覆盖，有利于完善城市功能，支撑城市发展；东莞等城市将城市轨道交通建设与 TOD 综合开发作为引导城市发展的重要手段，以此来优化城市空间，虽然尚未达到城市运营、全域开发的层次，但其将轨道交通 TOD 发展与城市发展相联系，仍大大突破了对于 TOD 作为简单融资手段、进行点状发展的困境，形成了较为体系化的认知思路。对于徐州、乌鲁木齐等 8 个城市而言，这些城市仅提到"发挥公共交通规划的引导和调控作用"，呈现出以开发为导向的城市轨道交通设施优化或者仅关注轨道交通的通道功能，注重轨道建设与周边连接，而非周边开发，未从理念认知上明确城市轨道交通的 TOD 发展方向。

与 2022 年相比，10 个城市的 TOD 理念认知指数都有不同程度的提升。杭州、青岛、无锡、太原、济南等城市在新增的政策文本中均明确将 TOD 综合开发作为优化城市空间开发、品质提升的重要方式。从指标得分上看，相比 2022 年，2023 年中理念认知得分在 3 分及以下的城市占比显著降低，得分在 4 分及以上的城市数量占比显著增加（图 14），表明随着时间推进，开通运营轨道交通的城市对 TOD 理念的认知程度明显提升，越来越多的城市开始将 TOD 理念融入城市发展、城市运营过程之中，这也为后续更多城市出台相关的 TOD 政策打下了基础。

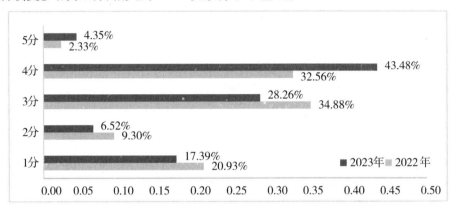

图 14：理念认知指标得分情况对比

2. 规划融合指标

城市轨道交通 TOD 综合开发的顺利及快速推进涉及多个规划间的协调配合，包括城市国土空间规划、轨道交通规划（包括轨道交通线网规划、轨道交通近期建设规划、线路工程可行性研究）、TOD 综合开发专项规划（"线网—线路—站点"三级）等。大多数城市的轨道交通规划纳入了城市国土空间规划，但并未据此编制 TOD 综合开发策略或 TOD 综合开发专项规划。这将导致 TOD 综合开发过程中，由于不同规划间的衔接不畅、相互拉扯而使 TOD 项目推进困难重重。一个有利于城市轨道交通 TOD 发展的规划体系不仅要求不同规划间的衔接融合，还要求时序上的统一。即轨道交通规划与城市国土空间规划同步编制，同步编制 TOD 综合开发策略和 TOD 综合开发专项规划，线路工程可行性研究报告与沿线综合开发方案同步编制、同步实施，这也成为目前城市推进轨道交通 TOD 发展的重点推进方向。

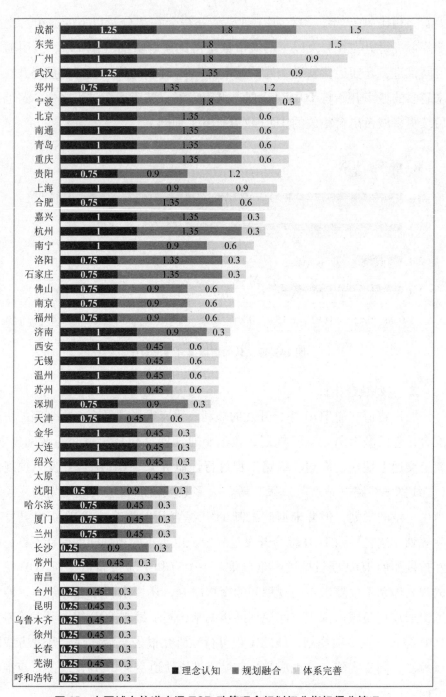

图 15：中国城市轨道交通 TOD 政策理念规划细分指标得分情况

在规划融合分项指标上，相比 2022 版，2023 版 46 个城市的得分并未有明显变化，表明虽然更多城市在理念认知上有较大进步，但要将其体现在规划政策上仍有一定程度的滞后。从目前来看，成都、东莞、广州、宁波等城市的表现依然突出（图 15）。以东莞为例，要求"TOD 总体策略研究、线路/片区 TOD 规划应根据实际情况需要，与轨道交通线网规划或轨道交通近期建设规划或城市总体规划或城市分区规划同步启动编制、修编"，同时"TOD 综合开发规划及 TID 概念方案，应与轨道交通可行性研究同步"。三类规划相应层级间的同步编制有助于更好地保障轨道交通TOD 开发的用地需求，确保轨道交通运营客流等，也更有助于从 TOD 的视角来审视城市空间结构及轨道交通线网走向，从而实现交通与土地利用的深度一体化发展。2023 年指数中新增城市南通市在规划融合方面的得分相对较高，其在《关于推进轨道交通场站及周边土地综合开发的实施意见》中明确提出，"由轨道交通经营单位会同市自然资源和规划局共同牵头，在轨道交通线网规划和建设规划阶段，同步编制轨道交通综合开发专项规划并按程序上报审批。专项规划须对轨道交通综合开发范围内的土地资源进行规划控制，明确轨道交通综合开发功能定位、开发规模等要求，实现轨道交通线网与城市资源的优化配置"。金华市和台州市尚未开启此类政策。

3. 体系完善指标

体系完善是对整体的政策保障体系而言的。一般情况下完善的 TOD 政策体系不仅包括综合开发的实施意见、管理办法、实施细则与技术指引等，同时还有审批协调等体系化保障措施。由此可看出这一指标相比单独的政策，取得较高的分数将更加困难，且要求也随之上升。但是这一指标直接关系到政策的系统性、完备性，亦会对一个城市 TOD 开发的最终实施效果形成重要影响，极为重要。在体系完善分项指标上，成都、东莞得分最高（图15）。这两个城市形成了 TOD 相关的较完善的政策体系，而昆明、长春等 25个城市（占比 54.35%）尚未出台 TOD 综合开发的任何专门性文件，从而也在一定程度上解释了这些城市轨道交通 TOD 开发相对滞后的原因。

总体上来看，理念规划政策指数排名中，成都、东莞得分超过 4 分，位列第一、二位；广州、郑州、宁波、武汉 4 个城市得分超过 3 分；得分 3 分及以上城市仅 6 个。20 个城市得分在 2~3 分之间，占比 43.48%；13 个城市得分在 1~2 分之间，占比 28.26%；昆明、长春、乌鲁木齐等 7 个城市的得分仅为 1 分，占比 15.22%（图 16）。就整体而言，有相当多的城市在一定程度上认识到轨道交通及 TOD 开发在引导城市发展中的作用（近 76% 的城市在"理念认知"上的得分在中值及以上），但是这些城市中的大多数没有将这种"理念认知"落实到具体的规划上以及实现多规融合调整（仅 15 个城市在"规划融合"的得分在中值以上，占比 32.61%），更没有为 TOD 开发出台一系列配套完善的政策，仅 7 个城市在"体系完善"得分为 0.9 分及以上，超过中值，占比 15.22%。

（二）用地保障政策指数排名与分析

用地保障指数是中国城市轨道交通 TOD 政策指数中十分重要的构成部分。由"土地储备""土地优惠"两个二级指标加权得到，满分为 5 分。其中"土地储备"权重为 0.65，"土地优惠"权重为 0.35。总体来说，相比 2022 版，大多数城市得分没有明显变动。成都市、东莞市仍遥遥领先，兰州、佛山、青岛等 5 个城市排名紧跟其后，但仍有相当数量的城市 TOD 用地保障得分仅为 1，表明相关政策较欠缺，需进一步发展完善（图 17）。

1. 土地储备

理念认知水平提升说明城市管理者已经形成了更多的 TOD 开发共识，而土地储备水平则反映了一个城市 TOD 开发可用土地及其发展潜力，土地储备及时、有效将为推动实现城市轨道交通与土地的综合开发提供前提与载体。一般来说，一个城市的 TOD 政策水平如何，从供给的视角来看，需要首要关注其用地保障政策。但由于土地在中国城市发展中承载着多样化的重要功能，土地出让金和相关税费收入是地方政府重要的收入来源。据国务院发展研究中心 2006 年的一份调研报告显示，在一些地方，土地直接税收及城市扩张带来的间接税收占地方预算内收入的 40%，而土地出让金净收入占政府预算外收入的 60% 以上。近年来这种情况并未得到根本好转，

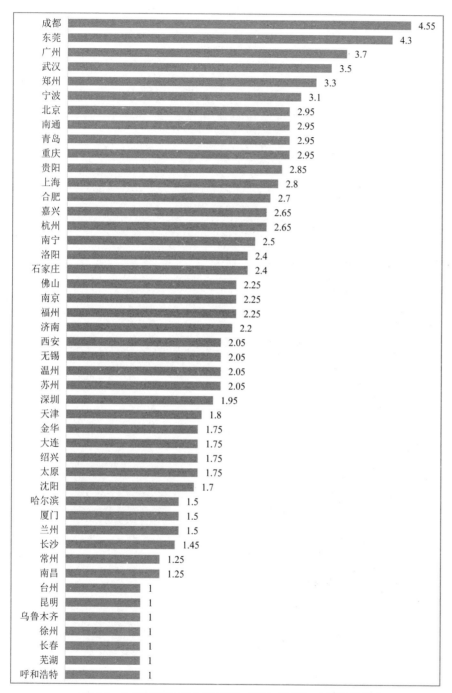

图16：中国城市轨道交通 TOD "理念规划" 政策指数排名

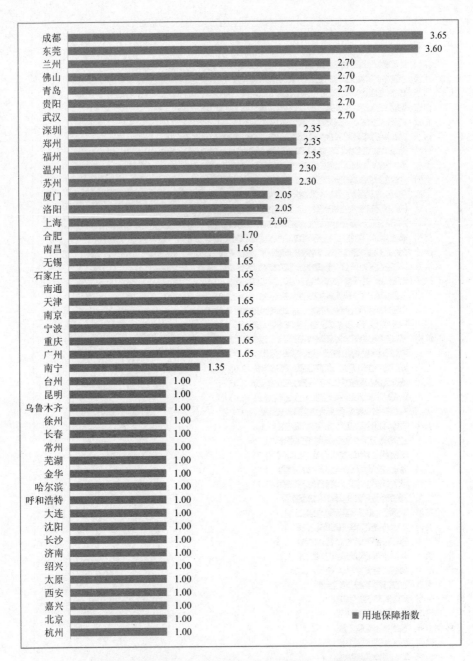

图 17：中国城市轨道交通 TOD"用地保障"政策指数排名

甚至一些城市对土地财政的依赖进一步加剧。因此土地储备涉及巨大的经济利益和处置权利，再加上城市轨道交通站点周边的土地增值效益相对更大，利益分配矛盾可能更突出，从而使土地储备政策的出台以及落地实施难度比较大。

从 2023 年收集的政策文本和量化数据来看（图 18），大多数城市在土地储备上仍缺乏明确规定。46 个城市的土地储备得分均值仅为 1.63，其中 24 个城市土地储备内容毫无进展，占比达 52.17%。另有兰州、上海、南昌等 18 个城市明确提出了土地储备的相关规定，并明确了土地储备的具体范围，但规定仍相对笼统，比如，未明确城市轨道交通站点范围内已批未建土地以及远期土地收储规划。相比较而言，东莞市的土地收储政策最有力。东莞市明确提出了轨道交通站点周边土地储备与储备土地前期开发范围，即城际轨道交通站点周边 800 米半径、城市轨道交通站点周边 500 米半径范围内，轨道交通站点周边土地收储，原则上以宗地为单位实行连片整体收储。同时出台的《关于创新体制机制加快轨道交通建设发展的若干意见》还提出对与 TOD 地区控制性详细规划有严重冲突的项目，已办理用地批准的，可根据法定程序收回土地使用权，并对原土地使用权人给予适当方式补偿。2022 年东莞市进一步出台《关于进一步完善轨道交通建设和轨道资源开发双向反哺机制全力推动轨道交通高质量发展的意见》，指出要建立健全"基础补偿+增值共享"机制，对土地及地上建（构）筑物、附着物给予公平合理补偿，以增值共享等方式实现利益共享。此外，成都市的土地收储规定亦有鲜明特征，不仅明确了具体范围或亩数，还进行分级分类，同时对于涉及远期规划的土地收储方式也进行了规定，土地收储的力度强、范围广。2022 年无锡市出台《关于推进轨道交通场站及周边土地综合开发的实施意见》，其中对于土地收储的范围予以明确："原则上以轨道交通站点为中心，按照一般站点半径 500 米、换乘站点半径 800 米规划预留轨道交通综合开发用地，车辆基地以本体工程用地以及周边不低于本体工程用地两倍规模规划预留。"这使得无锡市在土地储备方面的政策得分有所提升。

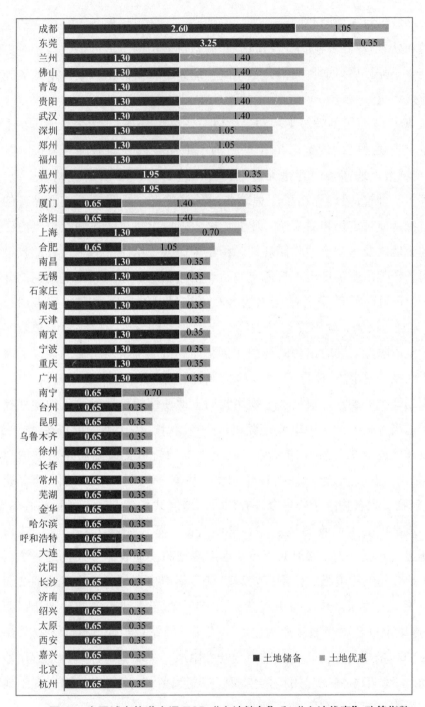

图18：中国城市轨道交通 TOD "土地储备"和"土地优惠"政策指数

2. 土地优惠

土地优惠主要是在土地上市过程中，给予拿地企业的一定优惠政策。由于城市轨道交通 TOD 开发模式的功能之一就是提升轨道沿线土地价值和开发收益，将部分收益反哺给轨道交通项目建设和运营，形成"良性循环"，因此土地一级市场的拿地企业大多是具有国资背景的轨道交通集团，此时土地优惠更多反映为土地作价出资、直接的土地价款优惠等方式。总体上，相对于土地储备，土地优惠政策实际更进一步，在现实中真正深入到这一层面的城市还比较少。总体来看，46 个城市中有 32 个城市未有任何说明，占比达到 69.57%。另外，上海笼统提到部分土地使用规费减免，但力度较小（图 18）。而兰州、佛山、武汉、青岛、贵阳、厦门、洛阳等城市曾提出用于城市轨道交通 TOD 的土地可作价出资，并可用于转让、出租、抵押和其他经济活动。土地作价出资作为一种力度较强的土地支持政策，由于在实际落地过程中存在国有资产流失的风险，后续在实践中应用较少。越来越多的城市倾向于提出较直接的土地价格优惠。比如，成都市 2017 年出台的《轨道交通场站综合开发的实施意见》规定"土地出让起始价可按不考虑轨道交通因素的宗地评估价的 70% 确定，车辆基地上盖综合开发的成本纳入周边综合开发用地的整理成本"。2021 年发布的《轨道交通场站综合开发用地管理办法》将上述规定进一步细化，区分了住宅类和商业服务业类轨道交通场站综合开发用地，并将自持比例纳入土地优惠条款中，规定"住宅类轨道交通场站综合开发用地起始（叫价）原则上按不考虑轨道交通因素的宗地评估价，且不低于宗地所在地级别同类型用地基准地价的 70% 确定；商业服务业类轨道交通场站综合开发用地，商业建筑面积持有比例不低于 70%，且不低于宗地所在地级别同类型用地基准地价的 70% 确定"。这一规定在 2022 年出台的《成都市人民政府关于进一步加强土地出让及供后管理的实施意见》中得到了进一步的细化与确认。

总体而言，截至 2022 年年底，46 个样本城市中 50% 以上的城市尚未在政策层面确认城市轨道交通 TOD 开发最基础的土地保障安排，虽然相比上年个别城市有一些突破或二次确认，但总体而言大多数轨道交通城市的 TOD 政策研究仍处尚未起步或刚起步阶段。

（三）综合开发指数排名与分析

综合开发政策指数由"站点分级分类""容积率""立体开发"三个二级指标加权得到，满分为 5 分。其中"容积率"权重最高，为 0.40，"站点分级分类""立体开发"权重均为 0.30，体现了城市轨道交通 TOD 模式注重高密度开发的特征。在综合开发政策指数中（图 19），46 个样本城市得分 4 分以上的城市占 4.35%，82.60% 的城市综合开发指数得分在 1~2.5，总体上 46 个样本城市的轨道交通 TOD 综合开发政策指数得分较低，仍有较大政策优化空间。

1. 站点分级分类指标

站点分级分类的分项指标，是建立在已经形成了比较好的 TOD 发展理念之上，在 TOD 开发展开规划的过程中，对城市轨道交通的站点 TOD 开发进行分级分类。这是一个城市 TOD 相关政策、规划走向精细化的一种反映。从站点分级分类指数值的分布来看，得分在均值以上的城市仅有 15 个，占 46 个样本城市数的 32.60%，而指标得分处于最低档的城市数量达到 31 个，占比达到 67.39%（图 20）。由此可知，有相当数量的城市无明确的 TOD 分级分类政策。2023 年，成都市、东莞市排名仍遥遥领先，成都市提出分级分类和具体标准，并进行站点一体化设计。《成都市轨道交通场站综合开发专项规划》（2018）将综合开发站点分为四级（城市级、片区级、组团级及一般站点）和五类（商圈核心型、交通枢纽型、综合中心型、产业社区型、生活服务型），规定要落实轨道交通场站一体化城市设计、地上地下空间统筹规划实施。东莞市将 TOD 划分为枢纽型、市域级城市型、片区级城市型、镇区级城市型、社区型，且明确各级各类的具体标准与要求，表明政策的精细化程度相对较高。

与此同时，相比 2022 年的指数排名，2023 年杭州市、温州市在站点分级分类的政策方面有显著进步。《杭州市轨道交通 TOD 综合利用专项规划》明确提出要"结合城市功能分区，引导 TOD 差异化发展"，并在此基础上梳理形成"六区二十一片"TOD 重点发展区。同时对 TOD 分级，将其分为特级、I 级和 II 级三类。《温州市"十四五"城市轨道交通 TOD 整体发展专项规划》中亦提到了 TOD 整体发展的重点任务，即推进 3 大 TOD 新城建设、推进 6 大 TOD 社区建设、启动 9 大 TOD 中心建设的"369"模式，开始形成 TOD 站点分级分类的主要概念。

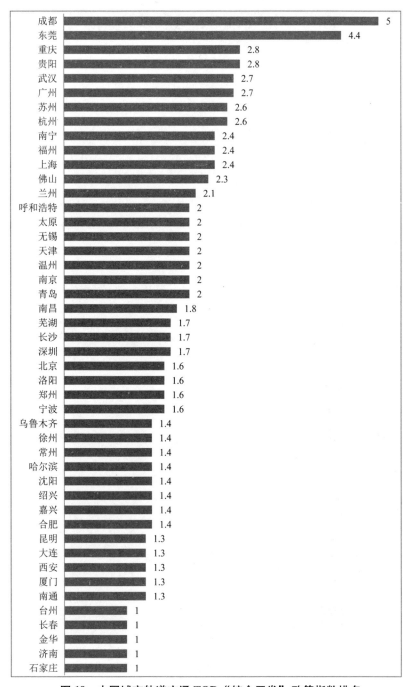

图 19：中国城市轨道交通 TOD "综合开发" 政策指数排名

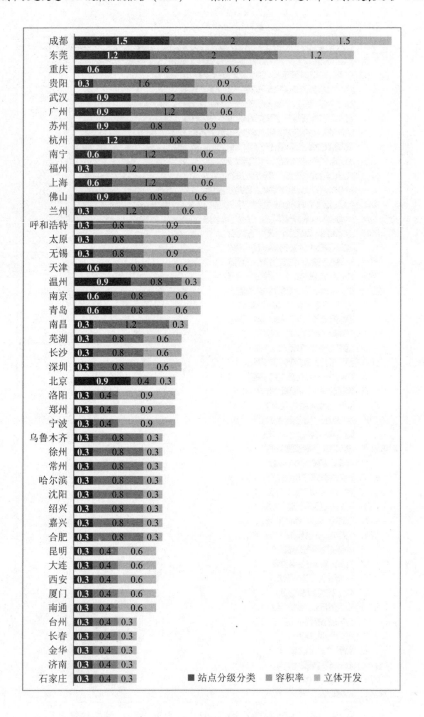

2. 容积率指标

容积率分项指标，亦是城市轨道交通 TOD 综合开发规划中的一项重要内容。一般来说为了更好体现 TOD 开发模式的高密度属性以及通过轨道交通集聚人口的功能，TOD 开发项目需要在容积率上做适当放宽与提升。从目前来看，成都、东莞在容积率上的政策规定精细化程度比较高（图 20），比如，《成都市轨道交通场站综合开发用地管理办法（成办发〔2021〕53号）》提出城市级站点开发建设用地容积率指标以城市设计方案合理性确定，区域级、组团级、社区级站点 100 米范围内开发建设用地容积率指标可在现有规划管理技术规定基础上适当上浮，区域级站点上浮比例不超过20%，组团级、社区级站点上浮比例不超过 10%，并结合轨道交通场站一体化设计确定地块具体容积率指标。《东莞市 TOD 范围土地与空间复合利用管理规定（试行）》（2020）提出不同片区的建筑密度政策，TOD 核心区范围内建筑密度绝对值可进一步提高 10%~20%，TOD 控制区范围建筑密度绝对值可进一步提高 0~10%。当建筑首层部分空间或裙楼屋顶作为城市公共空间使用时，建筑密度可按照公共空间面积占净用地面积的比例进一步提高，最高不超过 20%。武汉、广州、南宁、福州、上海、兰州、南昌 7 个城市在容积率上的政策也可圈可点，这些城市的容积率水平高于全国标准，并依据站点或交通周边特定地段给予容积率奖励，能够更好满足TOD 综合开发过程中的高密度要求。余下城市并未有这方面的明确规定，且相比 2022 年而言，2023 年未有明显变化。

3. 立体开发指标

立体开发分项指标中（图 20），大多数城市（占比约 69.57%）提出了分层开发与分层确权，但尚未形成能够满足 TOD 立体化复合开发的标准，也未开展一体化设计，从而难以保障城市轨道交通 TOD 模式开展上下一体化综合开发。具体政策方面，成都市、东莞市等政策比较完备。值得注意的是，《成都市地下空间开发利用管理条例》经四川省第十三届人民代表大会常务委员会第三十四次会议批准，自 2022 年 6 月 1 日起施行。其相比《成都市人民政府办公厅关于进一步鼓励开发利用城市地下空间的实施意见》（成办发〔2020〕12 号）拥有更强的政策实施力度，这也标志着城市对于地下空间的利用尤其是地上地下空间一体化开发的认识与实践上升到了新的高度。

（四）审批协调政策指数排名与分析

审批协调指数由"审批流程"和"协调机制"两个二级指标加权平均得到，满分为 5 分。其中，"协调机制"指标的权重为 0.55，"审批流程"指标的权重为 0.45。

如前所述，城市轨道交通 TOD 综合开发是一项涉及多主体的复杂工作。由专门的"领导小组"作为协调机制来协调涉及多个部门的职权事务，并设置相应快捷友好的"审批流程"，将为城市轨道交通 TOD 项目开发建设提供良好的营商环境，提升城市轨道交通 TOD 项目开发的进度，并大幅降低 TOD 开发主体面临的相关成本。但是，在审批协调指数上（图21、图 22），得分在 3 分以上的城市仅有 4 个，分别为成都、东莞、杭州、宁波，占比 8.70%；有 36 个城市得分为 2 分及以下，占比 78.26%。这在一定程度上反映了大多数城市尚未实质性开展 TOD 相关工作，因此对审批协调类政策需求较低。

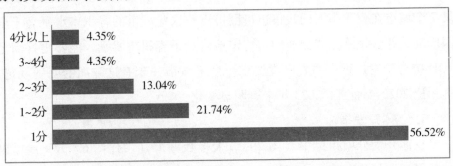

4分以上　4.35%
3~4分　4.35%
2~3分　13.04%
1~2分　21.74%
1分　56.52%

图 21：中国城市 TOD "审批协调" 政策指数分布情况

1. 协调机制指标

在领导小组指数上（图 23），成都、东莞两市得分最高，这两个城市都成立了由高级别领导（市长或市委书记）任组长的综合开发领导小组，并且通过将轨道交通建设领导小组与综合开发领导小组融合统一，大大推进了城市轨道交通 TOD 的建设效率。而与之形成鲜明对比的是，有 26 个城市（占比 56.52%）尚未建立 TOD 综合开发的领导小组，有 11 个城市（占比 23.91%）虽成立了综合开发领导小组，但领导级别为副市长及以下，对于 TOD 模式的推进力度不够大。通常而言，成立了高级别领导小组的城市也会倾向于为 TOD 综合开发设置专门的审批流程，46 个样本城市在"协调机制"与"审批流程"两个分项指标上得分的相关系数为 0.85。与 2022 版相比，2023 版无锡市的协调机制有所改善。《无锡市政府办公室关于推进轨道交通场站及周边土地综合开发的实施意见》明确提出"无锡市轨道交通规划建设领导小组负责加强总体层面的工作统筹和综合开发规划方案等重要事项的协调，推进综合开发与轨道交通同步实施。领导小组下设轨道交通综合开发专项工作组，市相关部门和各市（县）、区政府作为专项工作组成员，办公室设在市地铁集团"。

2. 审批流程指标

在审批流程分项指标上（图 23），成都、东莞、杭州三个城市得分最高。这些城市为 TOD 综合开发设置了"一事一议""特事特办"等专项服务方式，甚至将其纳入政府的目标绩效考核内容中，以期简化审批流程，加速轨道交通开发进程。然而有 30 个城市（占比 65.22%）仍然对 TOD 及周边用地的规划审批、管理等采用常规的规划体系审批制度，导致 TOD 项目实施进度较慢，效果不佳。

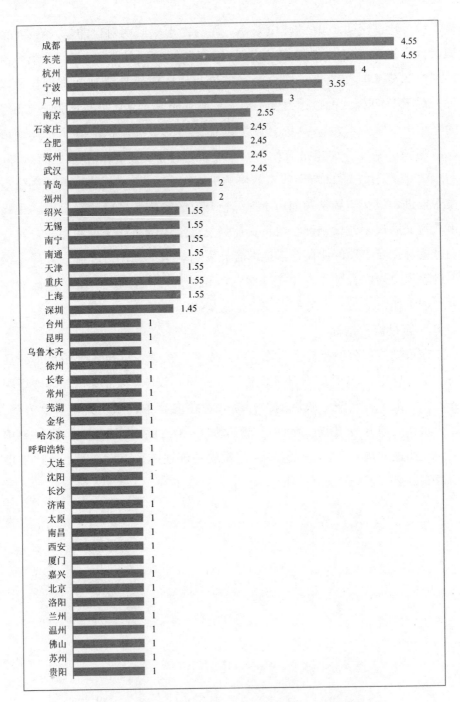

图 22：中国城市轨道交通 TOD "审批协调" 政策指数排名

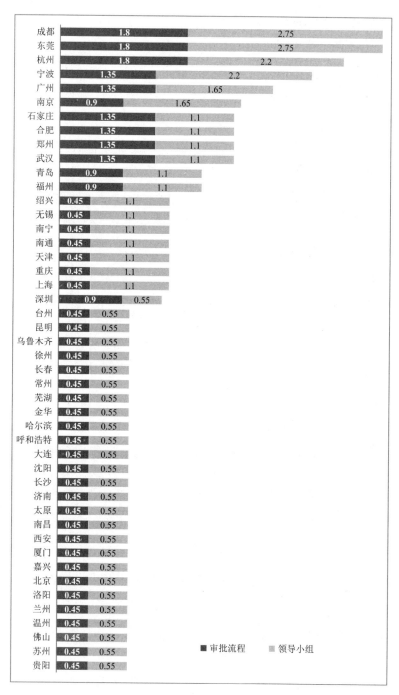

图 23：中国城市轨道交通 TOD "审批协调" 细分指标得分情况

（五）市场应用政策指数排名与分析

市场运用指数由"参与主体""合作模式"两个二级指标构成，满分为 5 分。其中，"参与主体"与"合作模式"的权重均为 0.50，体现了在轨道交通 TOD 开发过程中，与谁合作和通过什么样的模式合作对于充分发挥市场的作用均十分重要。

市场运用政策指数，关系到如何有效运用多元主体合作与多样化的合作方式推进 TOD 项目的落地，这对于很多处于 TOD 理念确立阶段或 TOD 初步规划设计阶段的城市，是一个还可以暂时推后、逐渐完善的过程，因此绝大多数城市得分较低，其中得分为 1 的城市数量占比达到了 63.04%（图 24、图 25）。但从全流程视角看，城市的市场运用能力与政策支持对于 TOD 的可持续发展至关重要。相比 2022 年，2023 年的市场运用指数排名未发生明显变化，需求型政策工具是当前城市 TOD 政策研究的短板。

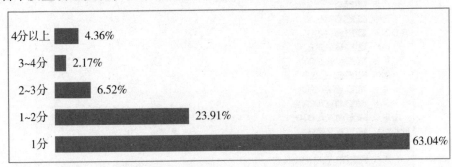

图 24：中国城市轨道交通 TOD 政策市场运用指数各城市得分分布

1. 参与主体指标

参与主体分项指标中（图 26），广州市、东莞市的政策精细化程度较高，两个城市在 TOD 的开发建设中均形成了鼓励民营企业或其他市场主体多元参与的具体政策规定。如广州市提出轨道交通场站综合体土地供应根据投资类别分为政府投资类、运营企业投资类、社会投资类三种模式。《东莞市轨道交通站场周边土地综合开发及站场综合体建设实施细则》将轨道交通站场区分为政府投资类、轨道交通建设运营单位投资类和社会投资类。其中，《细则》将具备较好开发条件的轨道交通站点或轨道交通车辆基地划分为社会投资类，并为社会资本参与项目投资提供了三种可选择的方式。这些城市对多元主体合作的鼓励和支持与其市场化程度较高、市场主体力量比较强大等因素有关。对于市场主体力量不够强大的城市，依托国有企业之间的强强联合成为另一种选择。例如，成都市在《关于印发成都市城市轨道交通场站综合开发实施细则的通知》则明确提出鼓励区（市）县政府和市属国有企业与成都轨道集团合作，具体合作方式由各方协商确定，可享受与成都轨道集团相同的宗地评估价政策优惠。苏州在 TOD 建设发展政策中重点提及了对于地方政府与国有企业或国有企业间的合作鼓励，如《关于加快推进苏州市轨道交通场站及周边土地综合开发利用的实施意见的通知》规定红线内土地鼓励苏州轨道交通集团作为实施主体开展一二级联动开发；红线外土地鼓励各区下属国有企业与苏州轨道交通集团合作共同开发，探索轨道交通场站及周边土地综合开发利用的长效推进机制。

2. 合作模式指标

合作模式分项指标中（图 26），广东、东莞、成都、苏州的政策规定比较清晰，得分较高，但绝大多数城市（占比 76.09%）并未出台相关政策。从政策文本来看，广州市提出对政府投资类项目按照政府投资管理相关规定执行，相应投资纳入轨道交通建设资金统筹解决；对于运营企业投资类项目参照政府投资项目统一规划设计、整体报建，在初步设计概算阶段，明确轨道设施部分和综合开发部分投资分摊；对于社会投资类项目，鼓励轨道交通投资建设主体与社会资本合作投资建设，也可由社会投资主体单独投资建设。成都市规定成都轨道集团（或其子公司）可依法采用股权合作、协议合作、代开发以及领导小组确定的其他方式与国内外具有先进规划设计、产业集成、地产开发、商业运营经验和投融资能力的企业进行合作，但同时也指出合作方不享受宗地评估价政策优惠。苏州市规定对红线内开发用地的建设用地使用权可根据轨道建设时序、建设要求以"合同+协议"等模式出让，以 TOD 理念进行开发的轨道交通场站及周边土地综合开发用地在出让时，可将轨道交通线路建设及运营的技术能力纳入竞买要求，轨道交通场站及周边土地综合开发范围红线外土地收益原则上按市现有土地政策执行。

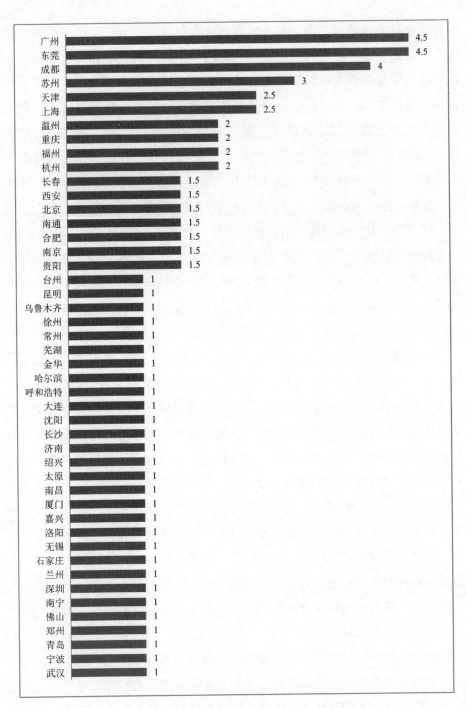

图 25：中国城市轨道交通 TOD "市场应用" 政策指数排名

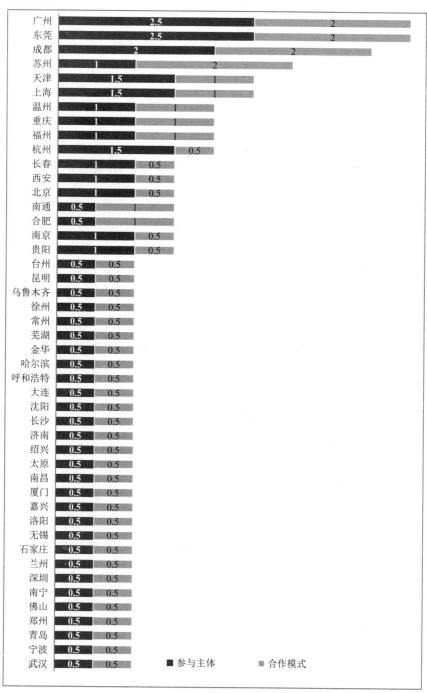

图26：中国城市轨道交通 TOD "市场应用" 政策细分指标得分情况

五、中国城市轨道交通 TOD 政策指数变动新趋势

（一）中国城市轨道交通 TOD 政策指数的时空特征

我国地域广袤，地区发展差异大，不同城市在地理环境、人文条件、经济社会发展方面存在显著差异，这也将在一定程度上影响各城市的发展战略。为了进一步研究 TOD 政策在不同城市的发展路径，从而形成特色鲜明的城市 TOD 政策发展思路，有必要进一步研究 TOD 政策指数的时空特征，为推动 TOD 在各个地区的差异化发展带来新思路。

1. 中国城市轨道交通 TOD 政策指数的空间分布

整体来看，中国 46 个样本城市轨道交通 TOD 政策指数在空间分布上存在显著的集聚特征，长三角地区、珠三角地区样本城市不仅数量多，而且 TOD 政策得分相对较高，从而形成了具有区域特征的 TOD 政策发展模式。形成集聚特征的原因一方面可能是区域范围内城市间的自然地理条件、历史文化因素和地域临近带来的便利性等使这些城市间存在更好的政策学习与互动；另一方面可能是长三角地区、珠三角地区经济发展水平相对较高、人口也相对更密集，从而对于 TOD 理念的接受程度更高，也更倾向在政策空间范围内推进 TOD 相关政策的出台。在中西部地区，虽然成都市、武汉市的 TOD 政策指数比较高，但并未在区域范围内形成较强的集聚效应。

具体来看，当用一个城市的 GDP 发展水平来反映该地区的经济实力时，相关性分析发现，中国城市轨道交通 TOD 政策指数与城市 GDP 水平存在显著正相关关系。进一步绘制 GDP 发展水平与用地保障指数、综合开发指数、理念规划指数、审批协调指数、市场运用指数的散点图（图 27），以此解读城市 GDP 发展水平与五大分项指数间的关系，从而形成对一个城市 TOD 政策出台更深入的认识。

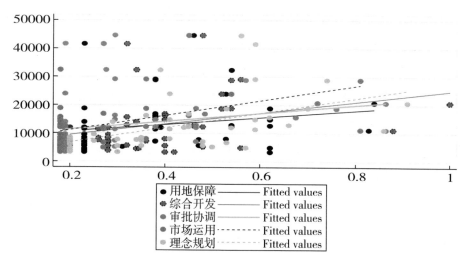

图 27：城市 GDP 发展水平与中国城市轨道交通 TOD 政策五大分项指数的关系

从图 27 可以看出，理念规划分项指数、市场运用分项指数与城市 GDP 水平的相关性最高。这意味着经济发展水平越高的城市，其对新理念的接受程度越高，从而也更倾向于通过一定的政策尝试去推进新政策的落地，而且在 TOD 实施过程中也更善于依托市场力量，为多元市场主体参与 TOD 开发提供更宽松的政策条件。进一步从细分指标来看，理念规划指数由理念认知、规划融合、体系完善三个二级指标构成，其中理念认知、规划融合与 GDP 的相关系数为 0.41，体系完善水平与 GDP 的相关系数为 0.35。这意味着经济发展水平更高的城市更倾向接受 TOD 综合开发作为城市运营的理念，并在相应的规划融合上做出更多尝试，以引领城市轨道交通 TOD 的发展。市场运用指数由参与主体和合作模式两个二级指标构成，其中参与主体指数与 GDP 的相关系数为 0.46，合作模式指数与 GDP 的相关系数为 0.38。即经济发展水平越高的城市，其对多元市场主体参与的鼓励越多、越具体，从而依托多元市场主体助力 TOD 开发的方式也越明显。这也与经济发展水平越高的城市，市场主体力量越强、越能发挥多方合作优势有关。

人口规模在一定程度上反映一个城市的大小，一个城市越大，往往其常住人口数也越多。TOD 政策指数与人口规模间呈现显著正相关关系，相关系数为 0.47。对一座城市来讲，当人口数量越多，越有必要进行 TOD 综合开发，这可以从公共产品理论进行解释，TOD 综合开发模式是一种公共产品，需要投入政府以及各参与主体的大量资金，为了使边际成本等于边际收益，这需要人口数量达到一定的规模，如果人口数量较少，则会使 TOD 带来的效益变少。因此，人口规模对一个城市的 TOD 开发有重要影响。进一步分析 TOD 五大指数与人口规模的关系，以便于进一步理解人口对 TOD 开发的影响。

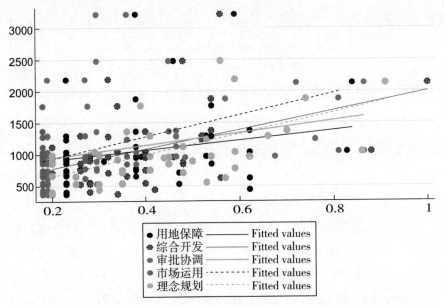

图 28：城市人口规模与中国城市轨道交通 TOD 政策五大分项指数的关系

从图 28 可以看出，理念规划指数、综合开发指数与市场运用指数和人口规模的相关性比较高，表明一个城市的人口规模越大，城市越倾向于接受 TOD 理念，也越倾向于通过市场化手段来推进 TOD 开发。与 GDP 指标不同的是，理念规划指标中的规划融合指标和体系完善指标与人口规模的相关性更高。巨大的人口规模可以为城市 TOD 建设带来活力，促进城市轨道交通高质量发展，但是人口规模过大也更容易带来"大城市病"。规划融合与体系完善作为一种环境型政策工具指标，衡量的是城市的行政规划机制。在 TOD 开发过程中，人口规模大的城市在行政审批，规划融合方面的能力相对于小规模城市更强，所以在理念规划指数上得分也较高。例如成都、广州、上海等地，人口 2000 万左右，理念规划指数得分均靠前，呼和浩特、哈尔滨、芜湖等 21 个城市人口不足 1000 万人，理念规划指数得分仅为 0.3。市场运用指数与人口规模的相关性较强。市场运用指数中参与主体和合作模式作为需求型工具指标，主要引导 TOD 开发过程中多元市场主体参与合作，形成 TOD 开发过程中互补的优势。人口规模之所以与市场运用指数相关性强，其原因可能在以下三方面：1. 人口是要素资源，人口规模大，将会涌现相当多的 TOD 参与主体，包括民营企业和其他市场主体。2. 人口规模大，有利于繁荣 TOD 开发市场。3. 人口规模大，会涌现更多高素质人才，为明确的合作模式带来更多可能。此外，综合开发指数和人口规模的相关性也比较高，相关系数为 0.43。综合开发指数的三个二级指标站点分级分类、容积率、立体开发与人口规模的相关系数分别为 0.50，0.34 和 0.19，这三个二级指标中，站点分级分类、容积率与人口规模的相关性均比较强。TOD 站点对城市的人流量具有较好的吸附作用，对人口规模较大的城市，进行 TOD 站点分级分类和一体化建设将会有更大的动力和需求，也将引导城市人流量合理分布，引导经济发展与人口流动有机结合，推动城市经济健康发展。以蜀都新城为例，该站点是成都地铁 6 号线的重要站点，日均客流量上万人次，该站点附近的公共交通、经济片区、公共服务设置紧密分布，更多人群聚集在这里，使资源能更有效地分配。通过对 TOD 分级分类，将拉伸整个"城市骨架"，避免城市阶梯差异，引导城市经济合理布局，形成"疏密有致"的公园城市。

总之，通过上述相关性分析，可以看出中国城市轨道交通 TOD 政策指数与城市 GDP 水平、人口（常住人口）规模成正比，这也在一定程度上解释了中国城市轨道交通 TOD 政策指数高分城市在东部地区呈现集聚性的原因。

2. 中国城市轨道交通 TOD 政策指数的时间演进

从时间维度上来看，相比 2022 版，2023 版中国城市轨道交通 TOD 政策指数主要在有新政策发布的杭州市、无锡市和嘉兴市有明显提升。其中，杭州市排名上升了 7 位，2023 年 TOD 政策排名跃居 46 个样本城市的第 5 位；无锡市排名上升了 7 位，2023 年跃居第 24 位；嘉兴市出台了《嘉兴市人民政府办公室关于促进嘉兴市轨道交通站点及车辆基地综合开发的暂行意见》，这一意见是框架性意见，虽然政策内容尚不具体，但仍是城市 TOD 政策完善的重要一环，其 2023 年 TOD 政策排名没有上升，且在样本城市数量增加的情况下稍有下降，但其政策得分绝对值增加了 0.2 分。

城市轨道交通 TOD 政策得分与城市的 TOD 政策文本出台情况密切相关。从整体来看，如果以城市发布轨道交通场站综合开发实施意见、细则等为标志，我国的城市轨道交通 TOD 政策发布从时间维度上看，大体呈现出上海市、广州市等超一线城市引领，南京市、武汉市、成都市、西安市等国家中心城市和省会城市推动，东莞市、温州市、佛山市、无锡市、嘉兴市等经济发展水平比较高的非省会城市快速跟进的总体演进格局（图 29）。

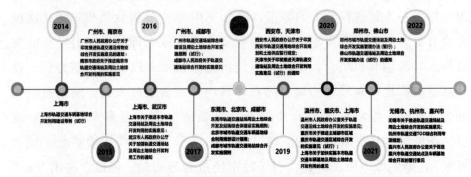

图 29：城市轨道交通场站综合开发实施意见、细则等政策的颁布情况

（二）TOD 政策创新与政策扩散趋势

1. 中国城市轨道交通 TOD 政策扩散阶段

从扩散过程上看，中国城市轨道交通政策扩散过程以"S"形曲线为基础，划分为三个阶段。

第一个阶段主要是北京、上海、广州、深圳等东部发达地区一线城市的先行政策探索实践，是 TOD 理论本土化实践的开端。这一阶段中的一线城市往往拥有高密度的城市人口、雄厚的财政水平以及较高的居民收入，同时也更容易接受先进理念。譬如，处于改革开放前沿的深圳率先于 2010 年在《深圳市轨道交通条例》第 5 章明确提出了综合开发的规划："在城市规划确定的轨道交通用地范围及空间内，轨道交通运营单位可以利用轨道交通设施进行综合开发和运营"，"综合开发资金由企业自筹，轨道交通沿线土地综合开发所获得的收益，应当全部用于轨道交通建设和运营"，实质上具备了 TOD 开发的雏形。同为一线城市的广州在 2012 年也出台了《广州市推进轨道交通沿线土地和物业开发工作方案》，方案中明确指出了轨道交通建设与沿线土地和物业开发"三同步"，提出了"实现轨道交通站点枢纽功能与周边地区功能的有机整合，合理提高土地开发强度，节约集约利用土地"等综合开发的概念，初步形成了土地物业开发的模式。在这一阶段，一线城市对轨道交通综合开发政策进行了初步有益探索，政策针对性与指向性不强，政策各方面均不够完善，亟待实现政策的深化与扩散。

第二个阶段，随着基础设施建设的快速推进，国内拥有城市轨道交通的城市数量加速增长，先后有 11 座城市在这一阶段实现城市轨道交通的运营，部分新兴一线城市与二线城市以此为依托开展了 TOD 模式的建设，城市轨道交通 TOD 政策扩散速度加快、质量提高，呈现出多元化的多点扩散引领状态。在这一阶段，中央及国家部委陆续出台了大量推动城市轨道交通发展的政策：2015 年，住房和城乡建设部发布了我国第一部 TOD 规划设计导则《城市轨道沿线地区规划设计导则》；2016 年中共中央、国务院印发《关于进一步加强城市规划建设管理工作的若干意见》；2018 年国务院办公厅出台《关于进一步加强城市轨道交通规划建设管理的意见》。来自中央的意见使各个城市更加关注城市的规划发展问题，促使一些城市开始关注 TOD 综合开发模式。新一线城市成都是 TOD 的后起之秀，成都市于 2017 年出台了《成都市人民政府关于轨道场站综合开发的实施意见》，开启了西部城市轨道交通 TOD 建设的时代，在 2018 年又相继出台一大批轨道交通 TOD 政策：《成都市轨道交通场站综合开发专项规划》《成都市轨道交通场站一体化城市设计导则》《关于印发成都市城市轨道交通场站综合开发实施细则的通知》《关于印发成都市轨道交通场站综合开发用地管理办法（试行）的通知》，迅速构建起了 TOD 政策保障体系。与成都相似的还有二线城市东莞，其也在 2018 年出台了一系列 TOD 政策：《东莞市轨道交通站点周边土地专项储备管理办法》《东莞市轨道交通站场地区规划管理办法》《东莞市城市轨道交通建设管理办法》《东莞市轨道交通建设投融资管理办法》《东莞市人民政府关于创新体制机制加快轨道交通建设发展的若干意见》《东莞市轨道交通站场周边土地综合开发及站场综合体建设实施细则》，从各方面构筑起 TOD 政策保障体系。同时，此前已初步探索 TOD 建设的城市也更加关注 TOD 政策的深度与广度，如广州在 2015 年出台了《关于推进广州市轨道交通沿线物业综合开发的实施意见（试行）》、2017 年出台了《广州市轨道交通场站综合体建设及周边土地综合开发实施细则（试行）》，其中也明确提出了 TOD 的规划理念，在用地保障、审批协调、财政金融等方面也都有了非常详细的说明，并且出台了《广州市人民政府关于创新重点领域投融资机制鼓励社会投资的实施意见》等专门性政策协同保障 TOD 的建设。在这一阶段中，城市轨道交通 TOD 政策从一线城市多点扩散开，逐步在中西部地区落地生根，并且政策中所运用的手段也更加成熟，在规划、用地、资金、协调等方面都有了更进一步的发展，形成了相对健全的 TOD 政策体系，在综合性与指向性上都有了发展，成都、东莞等城市后来居上，在 TOD 政策的运用上青出于蓝而胜于蓝，成为城市轨道交通 TOD 政策的"新高地"，为后续城市的 TOD 政策出台提供了先行的政策示范。

　　第三个阶段，中央更加注重推动城市的转型升级，以此实现城市的高质量发展，更多城市开始将城市轨道交通 TOD 政策融入城市的发展规划中，中国城市轨道交通 TOD 政策进入了快速扩散时期，先后共有 28 个城市出台了城市轨道交通 TOD 政策，占开通轨道交通 46 个样本城市的近 70%，在空间上呈现出东南沿海密集分布，中西部地区零散分布的特点。

得益于上一阶段的成都、东莞等城市的先行示范，使得 TOD 政策能够沿着这些"新高地"迅速向新兴城市、经济发展水平较低的城市扩散，西安、天津、温州、重庆等新一线、二线城市都在这一阶段相继出台了 TOD 综合开发政策。如西安于 2019 年出台了《西安市人民政府办公厅关于印发西安市轨道交通用地综合开发规划和土地供应暂行规定》，天津市于 2019 年出台了《关于印发推进天津轨道交通场站及周边土地综合开发利用实施意见（试行）的通知》，温州市于 2020 年出台了《温州市人民政府办公室关于轨道交通沿线土地综合开发的实施意见》，重庆市也于 2020 年出台了《关于推进主城都市区城市轨道交通区域综合开发的实施意见（试行）》，这些城市的 TOD 综合政策在运用上更显成熟，对规划理念、自身现状、发展目标、重点任务等都做了详细的阐述说明，并且不乏后续的政策跟进作为保障支撑，使 TOD 政策可实施性增强。同时，成都等城市仍在不断筑牢 TOD 政策保障体系，于 2019 年出台《成都市轨道交通场站综合开发用地管理办法（试行）》，2020 年出台了《成都市轨道交通场站综合开发及绿道建设项目用地管控和资金筹集实施细则》《成都市轨道交通场站综合开发项目合作开发管理办法（试行）》《关于进一步鼓励开发利用城市地下空间的实施意见（试行）》，2021 年出台《成都市轨道交通建设和 TOD 综合开发领导小组及办公室相关会议议事规则》等政策，结合自身公园城市等特色，全方位、多层次地保障了 TOD 政策的落地推行，建立起了高质量的示范站点，TOD 站点的建设初见成效。在这一阶段中，TOD 政策从一线城市以及新一线、二线示范城市向周围城市和其他新兴城市、经济水平较低的城市全面扩散，政策扩散的深度、广度也更上一层楼，TOD 综合开发在更多城市得到实际性发展。

2. 中国城市轨道交通 TOD 政策扩散模式

从具体模式上看，中国城市轨道交通 TOD 政策扩散的具体模式表现为中央激励下不同发展水平区域间政策位移、跟进的主动扩散模式，它包含着区域间的公共政策位移扩散和不同发展水平区域间政策跟进扩散，其主要特点是主动学习、积极跟进。首先，中央激励主要体现在鼓励性政策而非强制式的行政命令，如 2015 年住建部的《城市轨道沿线地区规划设计导则》中指出其编写目的为"加强城市轨道沿线地区的规划引导，实现城市轨道沿线城市功能与交通功能的一体化发展，促进公共交通支撑和引导城市发展的规划模式，建立可持续的交通发展结构，鼓励多功能立体化轨道站点综合开发模式"，重点突出鼓励激励，而非行政指令，与自上而下的层级性公共政策扩散模式有着本质上的区别。其次，在我国城市轨道交通 TOD 政策创新和扩散的过程中，地方城市具有首创性和主动性的作用。无论是北上广深等一线城市的早期探索，还是成都、东莞等城市的先行示范，都善于吸收借鉴西方发达国家的先进公共政策经验，在实行新政策上更具有魄力，从而能够居于政策领先的地位，然后再作为动力源高地向其他城市主动扩散，突出了地方城市对 TOD 政策的主动接纳吸收与创新，而非中央的强推。最后，虽然邻近区域、城市间政府信息交流频繁，更容易获得政策创新的信息，但是由于 TOD 政策扩散需要具备相当程度的经济物质条件，经济上的相似性对于城市轨道交通 TOD 政策扩散的作用将远高于地域上的相邻性，因而将会呈现出区域间的位移扩散或是不同发展水平区域间的跟进扩散。

综合而言，中国城市轨道交通 TOD 政策扩散的"S"形曲线发展过程体现了我国 TOD 政策扩散是不同发展水平区域间政策跟进式的主动扩散模式，集中体现为发展水平较高的地区向发展水平较低的地区扩散，总体上呈现发展水平较低的城市主动学习、吸收、效仿发展水平较高的城市的先进政策。

（三）TOD 政策内容变动的新趋势

通过对中国城市轨道交通 TOD 政策内容的持续跟踪，随着经济社会环境的变化，一些政策从内容上呈现出一些新趋势。

1. 中国城市轨道交通 TOD 发展理念得到了更广泛的认同

中国城市轨道交通 TOD 发展理念得到越来越多城市管理者的认同，并在政策层面进行了更多确认。在当前中国式现代化发展进程中，城市轨道交通 TOD 发展理念对于推动人口规模巨大的社会现代化、物质文明和精神文明相协调的现代化、人与自然和谐共生的现代化具有重要意义，更是践行现代化城市发展的重要手段。从样本城市来看，越来越多的城市在政策层面确认了城市轨道交通 TOD 发展模式对城市发展的重要作用，2023 年已有 22 个城市在政策文本中明确将 TOD 综合开发作为优化城市空间开发、品质提升的重要方式，更有成都、武汉等城市将其作为城市运营的手段。相比 2022 年，2023 年有 10 个城市的 TOD 理念认知指数都有不同程度的提升。理念认知得分在 3 分及以下的城市占比显著降低，得分在 4 分及以上的城市数量占比显著增加，表明开通轨道交通的城市对 TOD 理念的接受程度、认同程度明显提升，也为中国城市轨道交通 TOD 未来的发展打下了良好基础。

2. 中国城市轨道交通 TOD 政策内容不断深化，差异性增强

从政策内容上看，开通轨道交通的 46 个样本城市中在出台轨道交通场站综合开发实施意见之后，更多城市开始探索出台相应的实施细则、用地管理办法、TOD 场站技术导则等相关规定，不断根据现实问题深化政策内容，从而更好匹配 TOD 项目实施过程中的痛点、难点问题。同时依托城市特点所产生的 TOD 政策内容的差异性也在增强。比如强市弱区（镇）型城市与弱市强区（镇）型城市，在平衡市区（镇）利益和 TOD 推进方式上存在明显差异；经济发达的城市与经济相对不够发达的城市，在选择 TOD 项目推进主体和市场准入方式上存在明显差异；等等。

3. 中国城市轨道交通 TOD 模式与城市更新融合发展

伴随城镇化的快速推进，不少城市已经进入存量土地发展阶段，这在经济发展水平相对较高、土地资源比较紧缺的城市表现更为明显。在城市轨道交通 TOD 理念越来越深入人心的情况下，如何实现城市交通 TOD 模式与城市更新的深度融合，成为很多城市关注的重要话题。在此背景下，一些先行城市以 TOD 模式推动城市更新的相关政策文本出台（表 7），大大拓展了城市轨道交通 TOD 开发模式的应用场景，进而为更广阔范围内的城市空间优化利用和集约化发展提供了思路。

表 7：TOD 开发模式与城市更新相融合的代表性政策文本

城市	政策/规划名称	政策/规划要点
东莞	《东莞市人民政府关于印发东莞市轨道交通 TOD 范围内城市更新项目开发实施办法的通知》	坚持政府主导、整体统筹、连片开发原则。鼓励城市更新多种改造模式并举，激发市场参与度，加速城市更新进程。坚持高效集约利用原则，实现政府、集体、开发企业多方共赢。坚持规划先行、品质优先、优化审批程序原则等
济南	《济南市城市更新专项规划（2021—2035 年）》	推动 TOD 综合开发建设，促进场站立体化、综合化、一体化可持续发展，带动周边区域城市更新；对以轨道交通为主体的大容量公共交通站点周边用地进行整合和功能调整，完善片区多元功能，实现站点与周边居住、商业、办公等各类空间的互通可达
青岛	《青岛市城市更新和城市建设三年攻坚行动方案》	综合运用公共交通导向开发（TOD）、社会服务设施建设导向开发（SOD）以及规划理性预期引导（AOD）等多种开发模式，推动片区多元复合。按照"站城一体、产城融合、功能复合"原则，推进地铁沿线公共交通导向开发（TOD），力争到 2024 年年底实现 21 个公共交通导向开发项目落地

案例研究篇

一、中国城市轨道交通 TOD 政策指数案例城市选取

（一）案例城市确定的基本依据

案例篇探讨的主要问题是为什么各个城市 TOD 政策指数得分存在差异？城市政府出台 TOD 政策的激励是什么？TOD 政策指数与城市地铁公司 TOD 综合开发实践之间是什么关系？TOD 政策指数得分高是 TOD 综合开发实践取得成功的充分条件还是必要条件？

基于上述研究问题，本报告选择粤港澳大湾区①中的广州市、深圳市、佛山市和东莞市作为案例研究对象。从比较案例研究的角度看，上述四个城市非常适合作为案例展开研究。

首先，TOD 政策指数得分这一报告关注的核心变量，在上述四个案例城市中存在差异化分布，这有助于探讨为何城市 TOD 政策指数得分不同（TOD 政策指数作为因变量）以及 TOD 政策指数得分不同会如何（TOD 政策指数作为自变量）这样的问题。从指数排名来看，东莞和广州的 TOD 政策相对完备，TOD 政策指数得分分别位列第 2 和第 3 位；深圳和佛山的 TOD 政策指数排名则相对靠后，佛山排名第 16 位，深圳则排名第 21 位。

其次，四个案例城市都位于广东省境内，具有诸多相似之处，比如，

---

① 粤港澳大湾区是由香港特别行政区、澳门特别行政区及"珠三角九市"（广州市、深圳市、珠海市、佛山市、肇庆市、江门市、惠州市、东莞市、中山市）11 个城市组成的全球城市区域。

都面临来自广东省省级政策的限制（表8），社会文化相似等，这些因素可以作为控制变量加以控制，从而更好地分析 TOD 政策指数差异的成因及其影响。

表 8：广东省综合开发相关政策

出台时间	政策名称
2012 年 1 月	《关于完善珠三角城际轨道交通沿线土地综合开发机制的意见》（粤府办〔2012〕16 号）
2018 年 8 月	《支持铁路建设推进土地综合开发若干政策措施》（粤府办〔2018〕36 号）
2021 年 3 月	《推进铁路项目站场及毗邻区域土地综合开发的实施细则》（征求意见稿）

最后，四个案例城市在 46 个样本城市中具有较好代表性。四个案例城市中既有一线大城市（广州、深圳），又有经济实力强大的普通地级市（东莞、佛山）；既有轨道交通线网规模庞大的城市（截至 2022 年底，广州和深圳的轨道交通线网里程分别为 621. 58 公里和 567. 11 公里，运营地铁线路分别达到 13 条和 16 条），又有轨道交通尚未成网城市（东莞和佛山的轨道交通线网里程则分别仅为 37. 79 公里和 115. 47 公里，运营地铁线路分别仅 1 条和 2 条）。因此，对这四个案例城市的研究可以为相应级别和线网规模的城市提供有价值的经验借鉴。

此外，四个案例城市都属于土地高强度开发城市，城市未来发展都转向强调存量开发和城市更新，这些城市的 TOD 综合开发政策已经越来越多地与城市更新捆绑在一起。其他地区的城市面临的土地资源和建设用地指标虽然不如粤港澳大湾区紧张，但是在强调城市可持续发展的总体趋势下，也需要考虑如何更好地开发存量用地，而不是单纯依赖增量开发。在此意义上，对上述四个城市案例样本的研究对于存量开发背景下 TOD 政策如何制定也具有重要的参考价值。

本篇章结构如下：一是介绍四个案例城市经济发展、轨道交通线网、TOD 综合开发政策等基本情况；二是对上述四个城市的 TOD 综合开发政策进行深入解读，从用地保障、综合开发、理念规划、审批协调、市场应用几方面分析各个城市 TOD 政策的具体规定与特色，以及 TOD 政策如何影响其 TOD 综合开发实践；三是在城市更新的背景下，分析这些城市将TOD 与城市更新相结合的具体做法与经验以及对其他城市的启示。

（二）案例城市基本情况

1. 经济人口及轨道交通线网情况

经济人口方面，2022 年，深圳、广州、佛山、东莞 GDP 总量分别为32387 亿元、28839 亿元、12698 亿元、11200 亿元，占据广东省 GDP 前四位。四个城市都是人口超千万或近千万的大城市，其中深圳常住人口1766.18 万人，广州常住人口 1873.41 万人，东莞常住人口 1043.7 万人，佛山常住人口 955.23 万人（表 9）。庞大的人口规模和雄厚的经济实力为四个城市轨道交通的发展奠定了基础。

轨道交通线网方面，广州市目前的轨道交通线网规模在四个城市中最大，达到 621.58 公里，共 13 条线路，运营 307 个轨道站点；深圳市轨道交通线网规模达 567.11 公里，16 条线路，运营站点 330 个；东莞市轨道线网里程仅 37.79 公里，1 条线路，共 15 个站点；佛山市轨道线网里程115.47 公里，2 条线路，共 75 个站点（表 9）。

轨道交通运营方面，深圳和广州地铁客运强度较高，分别达到 0.95万人次/公里·日和 1.18 万人次/公里·日；东莞和佛山的地铁客运强度很低，仅分别为 0.24 万人次/公里·日和 0.18 万人次/公里·日（表 9）。

表 9：2022 年案例四城市基本情况

指标	深圳	广州	东莞	佛山
TOD 政策指数排名	21	3	2	16
GDP （广东省内排名）	32387 亿元 （1）	28839 亿元 （2）	11200 亿元 （4）	12698 亿元 （3）
常住人口规模	1766.18 万人	1873.41 万人	1043.70 万人	955.23 万人
户籍人口规模	583.47 万人	1034.91 万人	292.45 万人	495.40 万人

续表

指标	深圳	广州	东莞	佛山
轨道线网规模 （地铁里程）	567.11 公里 （546.89）	621.58 公里 （519.08）	37.79 公里 （37.79）	115.47 公里 （94.62）
轨道站点数量（个）	330	307	15	75
地铁线路条数（条）	16	13	1	2
地铁客运强度 （万人次/公里）	0.95	1.18	0.24	0.18

数据来源：各城市统计公报等，中国城市轨道交通协会《城市轨道交通2022 年度统计和分析报告》。

2. 案例城市面临的共同问题——存量发展和城市更新

如前所述，相比其他地区城市而言，本报告所选择的四个案例城市的城市发展面临着更严峻的土地资源约束，需要更多地依赖存量土地开发和城市更新①来获取城市未来发展空间。如表 10 所示，在四个案例城市中，东莞的土地开发强度已超过 50%，深圳达 47%，佛山为 38%，广州则接近 30%。

表 10：案例城市土地开发强度

城市	土地开发强度
深圳	47%②
广州	近 30%

---

① 城市更新的核心内容是对城市中老旧或衰落区域进行拆迁改造的再开发和再建设，使之重新发展和繁荣的一项综合性的社会工程。参见刘超. 城市更新的"土地陷阱"及其解释——基于珠三角地区的调研［J］. 华南理工大学学报（社会科学版），2019，21（02）：66-72.

② 朱丽丽，黎斌，杨家文，等. 开发商义务的演进与实践：以深圳城市更新为例［J］. 城市发展研究，2019，26（09）：62-68.

城市	土地开发强度
东莞	大于50%
佛山	38.18%①

注：土地开发强度指建设用地总量占行政区域面积的比例。

面对城市发展空间的不足和土地供需矛盾的加剧，四个案例城市都较早开展了城市更新实践活动并先后出台了相应的城市更新政策，逐渐转向存量开发。其中，2007年佛山市率先提出了"三旧改造"一词并在广东省内得到了迅速推广，2019年出台了《佛山市人民政府关于深化改革加快推动城市更新（"三旧"改造）促进高质量发展的实施意见》（佛府〔2019〕14号）、《佛山市城市更新专项规划（2016—2035年）》，佛山市已成为广东省开展三旧改造实践成果最多的城市。深圳在2009年发布了《深圳城市更新办法》及一揽子配套细则，深圳本地开发商通过城市更新项目拿地已经成为主流。② 东莞也于2009年12月印发了《东莞市"三旧"改造实施细则（试行）》（东府〔2009〕144号）开始实施城市更新③。广州市于2015年12月发布了《广州城市更新办法》，而《广州市国土空间总体规划（2018—2035）（送审稿）》则明确了广州的国土空间底线，要求严控总量"设定土地资源消耗上限，将国土空间开发强度严格控制在市域面积的30%以内"，同时盘活存量。2023年2月发布的《广州市城市更新专项规划（2021—2035年）》（公开征求意见稿）显示，"至2022年9月，纳入广东省'三旧'改造地块标图建库总库用地面积共计606平方

---

① 新华社. 广东为粤港澳大湾区腾出高质量发展新空间［EB/OL］. 中国政府网，2021-04-22.

② 宋立燊. 先行示范区建设与深圳公共住房制度改革研究［J］. 特区实践与理论，2019（06）：68-73.

③ 东莞城市更新实务（一）：东莞土地、规划管理制度与城市更新政策解读［EB/OL］. http：//xizhengtouzi. com/news/detail/2466. html

公里，占全市现状建设用地的 32%"。存量土地的开发已经成为广州城市高质量发展的重要空间资源。

在这些城市中，TOD 综合开发将不可避免地与城市更新相结合，城市更新中存在的产权主体复杂、利益协调困难等问题将在城市更新型 TOD 项目中重现，从而对这类 TOD 项目开发的效果、进度等产生影响。这也使得四个案例城市未来需要出台更多的政策来支持城市更新与 TOD 的融合发展。

二、中国城市轨道交通 TOD 政策指数典型城市案例分析

（一）深圳市

1. 背景

深圳作为改革开放的前沿阵地，近年来在轨道交通建设方面取得了较大进展。1998 年深圳市地铁有限公司成立，正式拉开深圳轨道交通建设的序幕。2004 年 12 月 28 日，深圳地铁 1 号线一期工程罗湖至世界之窗段正式开通，深圳成为我国内地第 8 个开通地铁的城市，深圳从此迈入轨道交通时代。深圳地铁在城市交通网络中发挥着关键作用。"十三五"期间，深圳加快推进城际铁路规划建设，新增城市轨道交通通车里程 233 公里，穗莞深城际新塘至深圳机场段建成通车，穗莞深城际南延线、深大城际、深惠城际等启动前期工作。2022 年 10 月，深圳地铁 14 号线、12 号线、6 号支线相继运营，12 月底 16 号线正式通车运营。至此，深圳地铁运营里程突破 559 公里，成为内地地铁线网密度最高的城市。根据相关规划，"十四五"期间深圳以构建现代化综合交通运输体系为目标，2025 年绿色交通出行分担率达 81%，轨道交通 800 米人口岗位覆盖率达 58%[①]，2035 年深圳将形成 33 条线路、总里程达 1335 公里的轨道交通网络。

作为粤港澳大湾区的核心城市，深圳近年来也在大力发展 TOD 模式。

---

① 轨道交通 800 米人口岗位覆盖率：指轨道交通站点 800 米范围内覆盖的人口、岗位数量占全市人口、岗位总数量的比例，指标来源《城市综合交通体系规划标准（GB/T51328-2018）》。

由于土地资源紧张、城市功能需求复杂，TOD 模式已然成为其城市更新与开发的首选模式。尤其是一些即将入市的项目，愈加重视 TOD 模式的商业综合体的开发①。2021 年 10 月 13 日，深圳市地铁集团有限公司（简称深铁集团）正式发布深铁 TOD 品牌，通过分享如何践行 TOD 理念，不断探索 TOD 未来城市发展的理想生活方式等内容，体现深铁集团创新先行"轨道+物业"模式，持续反哺轨道交通建设运营，构建立体化、高效能、集约式的城市生态空间等内涵，赋能城市未来。自 2017 年深铁集团成为全国首个在全成本土地口径下实现盈利的公司，到目前为止连续七年全国排名第一②。深圳已进入 TOD 4.0 模式，城市轨道交通站点能满足人们高效交通、娱乐消费、居住、商务办公等多元化的生活需求，并形成了融合片区产业、人文、生活配套资源的聚集效应，助力区域价值提升，赋能城市建设高质量发展。③

2. 深圳市城市轨道交通发展建设基本情况

2004 年深圳开通第一条地铁线，目前深圳城市轨道交通建设已进入第五期建设规划期（表 11）。根据中国轨道交通协会数据，截至 2022 年底，深圳城市轨道交通运营里程 567.11 公里，全国排名第 5 位，开通地铁新线 128 公里，运营线路（不含 4 号线）16 条，"三铁"在建线路里程 430.5 公里，年营业收入 240.87 亿元，较上年增长 46.9%，完成各类融资 687.5 亿元，全年安全运送乘客 17.49 亿人次，地铁公交分担率达 63.9%。深圳地铁客运量再创新高，2022 年 11 月多条线路客运量突破 1000 万人次/月，其中，5 号线客运量达 2844.4 万人次/月（图 30）。

① 搜狐网．站在世界级湾区城市群，深圳 TOD 模式发展的"世界观"【深度 TOD】．[EB/OL]．(2020-06-29)．https：//www.sohu.com/a/404790765_655892.

② 火热空前，深铁 TOD 创新高质量发展"轨道+"模式！[EB/OL]．[2023-03-01]．https：//mp.weixin.qq.com/s/-J6W2CNhSDAP1UZC_tVr8A.

③ 鲁颖．TOD4.0 导向下的深圳市轨道交通 4 号线"站城人一体化"规划策略 [J]．规划师，2020，36 (21)：84-91.

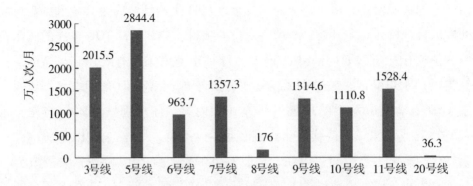

图 30：深圳地铁 2022 年 11 月部分线路客运量

表 11：深圳地铁建设及各建设期重点内容

建设期	建设重点
深圳地铁一期工程 （1998—2004 年）	深圳地铁一期工程包括 1 号线东段和 4 号线南段 2 条线路，总计 21.3 公里，共设 20 个车站 1998 年 12 月 28 日，深圳地铁一期工程实验站点"市民中心站"的围护结构工程与市中心区其他五大工程同时开工 2004 年 4 月，首列车到达车辆段，并进行调试及试运营 2004 年 12 月 28 日 17 时，深圳地铁一期工程开通试运营 2007 年 8 月 15 日福田口岸开通后，地铁乘客便可通过口岸检查，在香港境内的港铁落马洲站转乘东铁线前往尖东站沿途各站，或搭乘其他交通工具前往香港各区
深圳地铁二期工程 （2007—2011 年）	深圳地铁二期工程包括 1、4 号线续建，2、3、5 号线 5 条线路，总计 157 公里，111 座车站。基本覆盖福田、罗湖、南山、宝安、前海等城市主中心和龙华、龙岗 2 个城市副中心 2008 年 10 月，国家发展改革委批准了《深圳市城市快速轨道交通建设规划（2005—2011）调整方案》，同意深圳地铁二期工程的更改，并将建设期限延长至 2011 年 2010 年 12 月 28 日，2 号线首通段（世界之窗—赤湾）和 3 号线地上部分（草埔—双龙）建成营运。2011 年 6 月，二期工程的五条线路相继全线开通运营

建设期	建设重点
深圳地铁三期工程（2012—2020 年）	三期工程包括 7、9、11 号线，总计 107 公里，68 座车站。7、9 号线是联系市中心主要居住区与商业区的城市干线，11 号线的功能定位为组团快线兼顾机场快线。三期工程 2016 年 10 月全部开通，使全市的地铁总里程达到 286 公里（含港铁 4 号线） 三期调整工程共 11 条线段，包括 2 号线三期、8 号线一期及二期、3 号线三期、4 号线三期、5 号线二期及西延、6 号线一期及二期、9 号线二期、10 号线，共 136 公里，93 座车站（换乘站重复统计） 2013 年，深圳市开展地铁三期建设规划和修编，增加了三期工程的线路 2016 年 6 月，11 号线开通运营，10 月，7 号线与 9 号线一期开通 2019 年 9 月，5 号线二期开通，12 月，9 号线二期开通 2020 年 8 月，6 号线与 10 号线开通，10 月，2 号线三期、3 号线三期、4 号线三期与 8 号线开通
深圳地铁四期工程（2021—2022 年）	四期工程包括 12 号线、13 号线、14 号线、16 号线及 6 号线支线共计 5 条线路，总计 94 个车站，148.6 公里。2018 年 1 月四期工程开工，除 13 号线预计 2024 年开通外，其余 12、14、16 及 6 号线支线于 2022 年底全部建成开通 2020 年 3 月 26 日，国家发展改革委批复了《深圳市城市轨道交通第四期建设规划调整（2017—2022 年）》。四期调整工程包括：3 号线四期、6 支二期、7 号线二期、8 号线三期、11 号线二期、12 号线二期、13 号线二期（北延）、13 号线二期（南延）、16 号线二期、20 号线一期，共 10 条线（段），全长 76.5 公里，50 座车站。除 20 号线一期和 11 号线二期（福田—岗厦北段）已建成开通外，四期调整剩余线路计划于 2025—2026 年陆续建成 2021 年 12 月 28 日，20 号线开通运营 2022 年 10 月 28 日，10 号线岗厦北站、11 号线福田至岗厦北段和 14 号线开通 2022 年 11 月 28 日，6 号线支线一期（光明至深理工）和 12 号线一期（左炮台东至海上田园东）开通运营 2022 年 12 月 28 日，16 号线开通运营

续表

建设期	建设重点
深圳地铁五期工程（2023—2028 年）	2022 年 8 月，深圳市发布了第五期城市轨道工程计划，总计 13 个工程项目，全长 226.8 公里 2023 年 6 月 26 日，深圳市公布国家部委批准的轨道五期线路，包括 15 号线、17 号线一期、19 号线一期、20 号线二期、22 号线一期、25 号线一期、27 号线一期、29 号线一期、32 号线一期、10 号线东延（深圳段）、11 号线北延（深圳段）等 11 条线路，总长 185.6 公里，总投资 1952 亿元。按照规划，五期工程预计于 2028 年全部建成通车。五期建成后，深圳轨道交通覆盖全市 85% 的重点区域

　　根据《深圳市轨道交通线网规划（2016—2030）》，未来还将继续新增 16 条轨道线路，除加密城市中心区轨道网络覆盖度和密度外，重点将进一步加强城市中心区与宝安、光明、龙华、龙岗、坪山等城市新城区之间的交通联系，促进城市各项资源要素流动，带动城市新城区发展，达到优化城市空间格局的效果。未来，随着城市轨道交通建设工作的推进，将形成覆盖范围更广、运行效率更高、更加方便快捷的城市轨道交通网络，满足更多城市人口的公共交通出行需求。

　　"十四五"期间，深圳市将加快城市轨道交通建设，大力推进城市轨道交通四期、四期调整工程建设，同步开展轨道建设期间交通网络疏解工作，确保城市交通平稳运行。全力建成 5 号线西延、8 号线二期、6 号线支线一期、12 号线、13 号线、14 号线、16 号线、20 号线一期、3 号线四期、6 号线支线二期、7 号线二期、8 号线三期、11 号线二期、12 号线二期、13 号线二期（南延）、13 号线二期（北延）、16 号线二期等线路，扩大城市轨道交通网络覆盖范围。加快推进五期建设规划编制及落地实施加强对重点片区、重大项目和公共服务设施的轨道交通覆盖。推动轨道交通一体成网。重点完善市域快线网络，加快构建快慢结合、覆盖城市主要轴带和节点的城市轨道交通体系，引导"多中心、网络化"城市空间形态。在城市轨道覆盖不足区域，因地制宜、适时适度推进小运量轨道建设。推动轨道接驳设施建设及优化调整，完善轨道"最后一公里"接驳服务。研究超大规模轨道交通网络财务可持续发展路径。

根据《深圳市建设交通强国城市范例行动方案（2019—2035 年）》，全市轨道交通站点 10 分钟步行范围目标覆盖 70% 的居民，目前深圳市轨道交通站点 10 分钟步行范围覆盖居民比例仅为 30%，与 70% 的目标相距甚远，轨道交通服务水平亟待提升。建设舒适的步行连通空间，可形成开放的贯通交通、商业、文化娱乐设施的公共步行网络，提升可达性与便利性，强化城市多功能空间交互。通过自动扶梯、楼梯与人行步道组成的地下慢行系统连接车站、商业综合体、城市广场等不同的空间，完善水平方向及垂直方向的步行网络及"宜步行"的片区慢行系统，发挥车站"点—线—面"的 TOD 效应。

3. 深圳市城市轨道交通 TOD 综合开发政策体系及其特征

（1）深圳市城市轨道交通 TOD 综合开发政策演变

深圳是我国内地最早探索借鉴香港"地铁+物业"模式的城市，是最早实践 TOD 模式的城市之一。深圳城市轨道交通 TOD 项目发展在全国领先，但 TOD 政策指数排名较靠后，在全国 46 个样本城市中排名第 21 位，在四个案例城市中排名最靠后。

从国际经验来看，TOD 开发模式的实施需要一定条件，人口密度、土地价值越高的国家或城市，其 TOD 建设的必要性与可行性越大。人口密度、土地价值反映在 TOD 建设方面，则以"轨道+物业"模式的物业价值、客流强度所呈现。轨道上的物业是最有价值的物业之一。一方面，基于上盖物业对城市纵向空间的拓展，实现土地的高效应用；另一方面，基于轨道交通形成的轴向拉动力，形成以站点为核心、向周边扩散的经济发展圈。深圳市城市轨道交通线网密集的福田、南山、后海等区域，其物业价值已直观反映在高价格之上。[①] 客流强度是发展以站点为核心的 TOD 开发模式的关键前提，充足的客流量方能吸引各类业态入驻，进而带动周边

---

① 林少娟 . TOD 如何撬动一座城？打开深圳这串城市密码［N］. 南方都市报 . 2023－07－03.

区域发展。而这一点正是深圳的优势，据交通运输部相关统计数据，深圳地铁客流强度为每日每公里 0.95 万人次，位居全国前列。深铁集团将综合开发收益、商业及轨道附属资源经营收益，全部用于反哺深圳轨道交通建设运营，较大程度上缓解了政府财政补贴的压力。引导城市生态正向生长的"轨道+物业"模式，正是反哺机制得以发挥效应的重要承载。

通过梳理，与深铁集团 TOD 综合开发有关的主要政策如下：

2010 年 3 月，《深圳市轨道交通条例（征求意见稿）》发布，率先采取物业反哺城市轨道交通这一发展模式，授予轨道建设单位地铁沿线土地及地铁上盖物业的综合开发权。2011 年 3 月，《深圳市人民政府办公厅关于印发住房和城乡建设部与深圳市人民政府共建国家低碳生态示范市工作方案的通知》（深府办〔2011〕15 号），提出积极推行 TOD 开发模式，加强城市土地利用和公共交通的协调发展，结合轨道交通和组团中心建设，适度提高轨道交通站点周边和公交便利的中心城区土地使用强度，提升城市发展集约度，引导市民公交出行。提高土地综合利用水平，大力改善居住区文体设施、商业零售配套条件，加强交通枢纽、地铁车辆段、轨道交通站点、公交场站等上盖空间的合理开发利用，适度鼓励用地功能混合。2012 年 7 月，《深圳市土地管理制度改革总体方案》（深发〔2012〕3 号）提出细化地上、地表、地下土地使用权权利设定，探索三维地籍管理方法。探索建立规划控制、收益共享、运作高效的土地二次开发利用机制。

2013 年《深圳市国有土地使用权作价出资暂行办法》（深府办函〔2013〕50 号），确定国有土地使用权作价出资由市地铁集团等先行先试。依照本办法取得的土地使用权在使用年期内可以依法转让、出租、抵押或用于其他经济活动。

2015 年 5 月，《深圳市地铁空间综合开发与登记暂行办法》提出地铁空间根据需要可将每一层或者每一层不同功能的空间划设为一个独立宗地单元出让建设用地使用权，但附属设施、设备共用的地铁空间不得划设为不同的宗地分别出让，并不得分割转让。与地铁连通的独立地下经营性空间开发权与地铁项目一并招标的，或者经市政府确定由地铁项目开发主体开发的，按照使用用途和使用期限以撤除地铁建设因素的市场评估地价标准计算地价。

2017年3月，深圳市交通运输委员会、深圳市发展和改革委员会、深圳市规划和国土资源委员会《关于印发深圳市综合交通"十三五"规划的通知》，进一步明确积极推行TOD开发模式。加强城市土地利用和公共交通的协调发展，结合轨道交通和组团中心建设，适度提高轨道站点周边和公交便利的中心城区土地使用强度，提升城市发展集约度。2017年11月，《深圳市轨道交通项目专项债券管理办法》提出轨道交通项目专项债券纳入深圳市政府专项债务限额管理。轨道交通项目专项债券收入、支出、还本、付息、发行费用等纳入市本级政府性基金预算管理。2018年7月，《深圳市人民政府关于完善国有土地供应管理的若干意见》提出，区域交通用地、城市道路用地、轨道交通用地，可以协议方式出让。以划拨方式取得的建设用地使用权不得转让、互换、出资、赠予或者抵押，不得改变用途。

2021年1月，《深圳市轨道交通项目建设管理规定》，轨道交通项目通过投资项目在线审批监管平台及其子平台实行在线审批。在线平台单设轨道交通项目报建审批模块，建立信息数据库，实现全网审批和信息共享。各部门应当利用"多规合一"信息平台加强业务协同，支撑项目技术论证和前期策划生成，保障轨道交通项目推进。2021年4月，《深圳市地下空间开发利用管理办法》提出轨道交通项目建设过程中，对采用明挖施工方式形成的地下空间，具备独立开发条件的，应当根据地下空间的规划功能确定土地供应方式。通过招标、拍卖、挂牌方式出让轨道交通（含车辆段、停车场、轨道交通站点等）地表建设用地使用权的，市主管部门或者其派出机构可以结合轨道交通主管部门的意见编制招拍挂出让方案，并按程序报批。

2022年5月，《深圳建设交通强市行动计划（2021—2025年）》，提出建设"开放畅达、立体融合、低碳智慧、安全宜行"的交通强市，强调TOD综合开发模式、推动站城一体化，提升交通发展水平。

（2）深圳城市轨道交通 TOD 政策要点

2023 版深圳轨道交通 TOD 政策指数得分 1.72 分，排名第 21 名，与 2022 版相比略有下降（2022 版排名第 19 名），其中土地优惠、理念认知相关政策得分相对较高，其余政策则得分较低。虽然深圳在 2022 年新增了《深入实施交通强国战略建设更高质量国家公交都市示范城市三年行动方案（2022—2024 年）》这一文件，但这一方案仅强调 TOD 综合开发模式、推动站城一体化，之前所出台政策对 TOD 综合开发支持力度不够强。

①用地保障相关政策

土地储备（2分）：2017 年《深圳市轨道交通项目专项债券管理办法（试行）》，提出深圳市规划国土部门应按照轨道交通规划做好轨道交通及配套交通设施用地的控制管理，并优先安排有关用地，保障一体化交通网络建设发展的需要。

土地优惠（3分）：深圳市政府在城市轨道交通建设的土地获取方面给予的政策支持与创新，使深铁集团在土地价格方面经历了从招拍挂到定向招拍挂的演变（图31）。2008 年深铁集团通过招拍挂的方式在国内首次依法取得轨道交通上盖物业土地开发权，市政府以注册资本金形式将按照规定上缴的地价及时返还地铁集团，地价收入和开发所得利润专款用于轨道交通建设的项目资本金和运营补亏。2010 年《深圳市轨道交通条例征求意见稿及起草说明》提出，综合开发的土地地价，按未建轨道交通时的地价核定出让给轨道交通运营单位开发。综合开发的土地地价款，按先开发后上缴原则，根据开发进度分期缴纳；对车辆段上盖，属土地第二次利用的，免征地价或先征后缓。2013 年 5 月，深圳市政府印发了《深圳市国有土地使用权作价出资暂行办法》《深圳市国有土地使用权作价出资实施流程》，在地铁集团、深圳机场、特区建发公司先行先试。2015 年《深圳市地铁空间综合开发与登记暂行办法》提出，与地铁连通的独立地下经营性空间开发权与地铁项目一并招标的，或者经市政府确定由地铁项目开发主体开发的，按照用途和使用期限以撤除地铁建设因素的市场评估地价标准计算地价。2021 年《深圳市轨道交通项目建设管理规定》提出，轨道交通用地可以采取划拨或者协议方式供地。

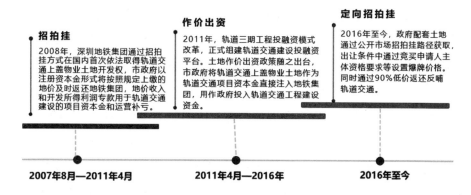

招拍挂
2008年，深圳地铁集团通过招拍挂方式在国内首次依法取得轨道交通上盖物业土地开发权，市政府以注册资本金形式将按照规定上缴的地价及时返还地铁集团，地价收入和开发所得利润专款用于轨道交通建设的项目资本金和运营补亏。

作价出资
2011年，轨道三期工程投融资模式改革，正式组建轨道交通建设投融资平台。土地作价出资政策随之出台，市政府将轨道交通上盖物业土地作为轨道交通项目资本金直接注入地铁集团，用作政府投入轨道交通工程建设资金。

定向招拍挂
2016年至今，政府配套土地通过公开市场招拍挂路径获取，出让条件中通过竞买申请人主体资格要求等设置爆牌价格。同时通过90%低价返还反哺轨道交通。

2007年8月—2011年4月　　　　2011年4月—2016年　　　　2016年至今

图31：深圳地铁土地获取方式演变历程①

②综合开发相关政策

分级分类（1分）：在站点分类方面，根据站点所处区位，确定各类站点的服务职能、用地配比及发展重点。在站点层次，深圳市将 TOD 开发模式的标准纳入《深圳市城市规划标准与准则》，但在实践过程中并未进行明确的 TOD 分级分类。

容积率（2分）：深圳市住宅容积率高于国家标准，但对 TOD 站点周边容积率无特殊规定。在开发强度控制上，深圳市划分了 5 个密度分区，鼓励在距站点 500 米范围内开展城市更新。在微观层面，高密度开发容积率按"基准参数+修正系数"，确定在城市轨道交通、用地规模及周边道路等多重因素影响下的地块容积率，进而形成规范化指引，用于综合测算提高开发强度的可行性。

立体开发（2分）：深圳市在 TOD 开发建设方面，提出分层开发、分层确权登记。如《深圳市地铁空间综合开发与登记暂行办法》（2015）提出，地铁空间根据需要可将每一层或者每一层不同功能的空间划设为一个独立宗地单元出让建设用地使用权，但附属设施、设备共用的地铁空间不得划设为不同的宗地分别出让，并不得分割转让。

———————————

① 资料来源：根据深圳地铁置业集团调研资料整理。

③理念规划相关政策

理念认知（3分）：深圳明确提出"轨道交通+土地物业"的综合开发模式。根据 2005 年编制完成的《深圳市整体交通规划》、2010 年公布的《深圳市城市整体规划》、2010 年的《深圳市轨道交通条例（征求意见稿）》，可发现深圳 TOD 总体发展目标：以集约化轨道交通方式的建设带动集约化土地利用。随后，深圳前海合作区的规划也将 TOD 开发模式作为城市发展的重要理念，贯穿于其规划、设计、管理等各个环节。2021 年《深圳市轨道交通项目建设管理规定》出台，为进一步推行地铁上盖物业开发建设提供了宏观指导。2022 年 5 月，《深圳建设交通强市行动计划（2021—2025 年）》强调 TOD 综合开发模式，推动站城一体化，提升交通发展水平。

规划融合（2分）：深圳市将轨道交通规划纳入城市国土空间规划，据此编制 TOD 综合开发策略。深圳市城市规划编制分为全市总体规划、次区域规划、分区规划、法定图则及详细蓝图等 5 个阶段①。其中法定图则是香港及深圳特有的、具有法律效力的行政规章，主要管理土地使用功能和开发强度（如容积率、建筑高度、密度）、配套设施、道路交通及城市设计。法定图则以控制性详细规划为基础，将城市设计纳入了规划控制总图或控制条文等法定文件。城市轨道交通的 TOD 规划编制与城市规划相呼应，按宏观、中观及微观 3 个层面，划分为城市轨道交通线网规划、建设规划、线路详细规划及工程可行性研究等 4 个阶段（图32）。在宏观层面，于线网规划和总体规划阶段引入 TOD 策略研究，结合密度分区拟定各类 TOD 地区的开发强度；在中观层面，建设规划依据分区规划划分重点片区和线路，提出各站点功能定位与指标体系；在微观层面，形成以法定图则为核心控制标准的线路详细规划与工程可行性研究，必要时辅以线路及站

---

① 深圳市人大常委会办公厅. 深圳市城市规划条例（2022 年修订版）[Z]. 深圳：深圳市人大常委会办公厅，2022：1.

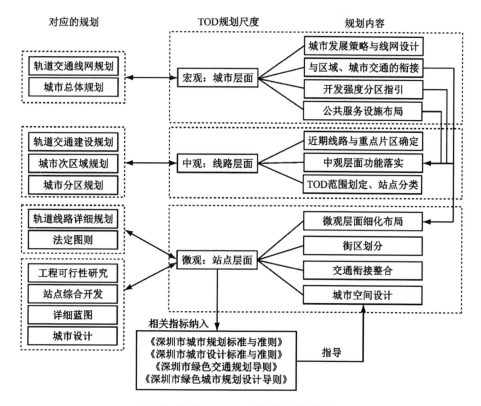

| 对应的规划 | TOD规划尺度 | 规划内容 |

图 32：深圳市 TOD 开发模式发展策略

点综合开发研究，指导各地块的具体方案设计。①

体系完善（1分）：深圳市出台的政策主要集中于轨道交通项目建设管理、轨道交通条例、土地管理、地下空间开发、地铁空间综合开发等较宏观或关联性政策，目前还未出台 TOD 综合开发的专门文件。

④审批协调相关政策

审批流程（2分）：深圳市对提升城市轨道交通综合开发项目的审批效率有相关政策支持。《深圳市轨道交通项目建设管理规定（送审稿）》（2019）提出，轨道交通项目通过投资项目在线审批监管平台，实行在线审批。在线平台单设轨道交通项目报建审批模块，建立信息数据库，实现

① 李文菁，杨家文. 深圳市公交引导发展（TOD）模式采用的策略与实践［J］. 城市轨道
交通研究，2022，25（12）：5-12.

全网审批和信息共享。除法律法规另有规定及上级部门另有要求外，各审批部门不得调整轨道交通项目报建审批事项；需调整审批事项的，由审批部门会同轨道交通主管部门共同确认。

领导小组（1 分）：深圳市仅有轨道交通建设指挥部及办公室，无 TOD 综合开发的相关领导小组。深圳市在 2005 年就成立了轨道交通建设指挥部及办公室（图 33），制定了各部门协同审批流程，统筹协调国资委、交通委、消防局、地铁公司、地产商等关联单位，负责统筹和协调深圳市轨道交通规划、投资、建设、综合开发及运营管理涉及的重大事项（图 33）。①

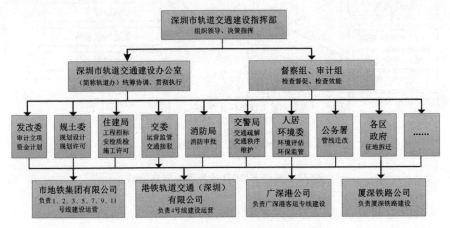

图 33：深圳市轨道交通建设指挥部组织架构

⑤市场运用相关政策

参与主体（1 分）：深圳市无明确关于多方主体参与鼓励的相关规定。

合作模式（1 分）：深圳市没有明确提及 TOD 参与主体间的合作模式。

通过上述对深圳市城市轨道交通政策的梳理可知，深圳市作为内地探索 TOD 开发模式较早的城市，在 TOD 初期出台了有力的相关的政策支持，但其前期的探索主要集中于基于车辆基地开展 TOD 开发，对于普通站点及

---

① 深圳市人民政府. 成立深圳市轨道交通建设指挥部及办公室［EB/OL］. 2005 - 11 - 22. http：//www. sz. gov. cn/ zfgb/2005/gb470/content/post_ 4943290. html.

全域轨道交通站点开展 TOD 开发的模式仍缺乏相应的政策支持。近年来随着城市开发建设的日益成熟、可开发用地的减少、市场主体力量的增强等因素，加之原有政策过期、新政策尚未出台，因此，深圳市目前的 TOD 政策指数得分较低。

存量发展背景下，深圳的 TOD 战略不仅是围绕公共交通，提高公共交通出行服务质量，更是需要解决 TOD 实施过程中面临的土地整备、体制机制障碍等问题。因此，为保障 TOD 战略实施落地，一方面需出台新的相关政策，形成一系列技术文件、政策体系，与现有的法规、政策进行有效衔接；另一方面建立有效的 TOD 工作协调机制，协调 TOD 的价值反哺所涉及的多元主体、土地权属复杂局势，推动重大复杂事项的落地实施。[①]

深圳市轨道交通 TOD 核心政策要点如表 12 所示：

表 12：深圳市轨道交通 TOD 核心政策列表

指标	具体规定	政策来源
理念规划	理念认知：（1）将 TOD 开发模式作为城市发展的重要理念，贯穿于其规划、设计、管理等各个环节。（2）以 TOD 开发理念为导向，完善轨道交通场站土地综合开发管理制度。	《深圳市综合交通"十三五"规划》《深圳市综合交通"十四五"规划》
	规划融合：轨道交通线网总体规划、近期建设规划、各线路的详细规划和轨道交通配套设施规划。市规划国土部门应将轨道交通规划纳入城市总体规划、各层次城市规划和城市更新规划，并负责轨道交通规划与城市其他各专项规划相衔接。	《深圳市轨道交通条例征求意见稿及起草说明》

---

① 深圳市 TOD 战略发布，成果获得专家高度肯定——世界银行城市层面 TOD 战略制定（深圳）项目最终阶段专家评审会暨战略研讨会圆满结束．[EB/OL]．[2023-04-17]．https：//mp. weixin. qq. com/s/KyuXXiZJgCW55bmveEtP_Q.

指标	具体规定	政策来源
用地保障	土地储备：市规划国土部门应按照轨道交通规划做好轨道交通及配套交通设施用地的控制管理，并优先安排有关用地，保障一体化交通网络建设发展的需要。	《深圳市轨道交通项目专项债券管理办法（试行）》
用地保障	土地优惠：（1）综合开发的土地地价，按未建轨道交通时的地价核定出让给轨道交通运营单位开发，按先开发后上缴原则，根据开发进度分期缴纳；对车辆段上盖，属土地第二次利用的，免征地价或先征后缓。（2）与地铁连通的独立地下经营性空间开发权与地铁项目一并招标的，或经市政府确定由地铁项目开发主体开发的，按照用途和使用期限以撇除地铁建设因素的市场评估地价标准计算地价。（3）轨道交通用地可以采取划拨或者协议方式供地。	《深圳市轨道交通条例征求意见稿及起草说明》《深圳市地铁空间综合开发与登记暂行办法》《深圳市轨道交通项目建设管理规定》
综合开发	立体开发：地铁空间根据需要可将每一层或者每一层不同功能的空间划设为一个独立宗地单元出让建设用地使用权，但附属设施、设备共用的地铁空间不得划设为不同的宗地分别出让，并不得分割转让。	《深圳市地铁空间综合开发与登记暂行办法》
审批协调	审批流程：轨道交通项目通过投资项目在线审批监管平台，实行在线审批。在线平台单设轨道交通项目报建审批模块，建立信息数据库，实现全网审批和信息共享。除法律法规另有规定及上级部门另有要求外，各审批部门不得调整轨道交通项目报建审批事项；需调整审批事项的，由审批部门会同轨道交通主管部门共同确认。	《深圳市轨道交通项目建设管理规定（送审稿）》

4. 深圳市城市轨道交通 TOD 综合开发基本情况

深圳是中国内地较早实践轨道交通 TOD 开发模式的城市之一，其模式基本是香港模式的内地化。2022 年拥有土地开发权的项目 29 个（表 13），开发规模超 1643 万平方米，在建面积约 1173 万平方米，连续 8 年超 100 亿元，在建及交付公共住房约 4.5 万套。深圳城市轨道交通 TOD 综合开发经历了从 1.0 到 4.0 的发展阶段：

（1）单体开发 1.0，以轨道交通车辆段上盖及周边地块进行开发

荷载预留处于探索实施阶段，开发产品多以员工宿舍、住宅为主，如竹子林车辆段、蛇口西车辆段等综合开发项目，龙瑞佳园项目（蛇口西车辆段上盖开发），赤湾地铁站项目（深圳地铁 2、5、8 号线）。

（2）综合体开发 2.0，枢纽站点，兼具综合体、配套服务功能

统筹规划，提前做好荷载预留。开发产品以综合体为主，并与车站互联。如前海车辆段、塘朗车辆段、横岗车辆段、长圳车辆段、龙胜车辆段、安托山停车场、深圳北站枢纽、车公庙枢纽、深大站、红树湾站等综合开发项目。

（3）站城一体 3.0，融合周边环境与城市功能互补的新型城市系统

高质量统筹规划枢纽及周边城市核心活力区域，开展一体化规划、设计。打通交通瓶颈，充分考虑互联互通，弥补城市割裂，实现"站"与"城"的高度一体化规划与实施。并组局具备丰富经验的地产开发商及相关利益方等外部合作方共同开发，如前海枢纽、黄木岗枢纽、梅林关枢纽、平湖枢纽等综合开发项目，以及深铁前海国际枢纽中心。

（4）产城融合 4.0，承接产业发展功能，建设轨道城市、轨道都市

利用"三铁融合"的优势，整体项目战略定位考虑对大湾区、深圳市核心区域城市发展和产业发展的承接作用。规划以枢纽为核心外延区域的产业主题、产业功能布局、产业亮点项目等内容。规划与城市发展主题和产业定位相匹配的城市功能、业态组合以及亮点项目。组局开发，助力建设轨道城市、轨道都市圈，如西丽枢纽等综合开发项目。借助"三铁融合"①和建设"轨道上的大湾区"时机，在城市轨道交通核心站点进行产城融

---

① 深圳市政府现已将铁路建设任务委托深圳地铁，深圳地铁构建国家铁路、城际铁路、城市轨道交通"三铁合一"业务架构。

合的 TOD 片区综合开发。以地方政府为主导，搭建"深铁+地方国企+市场主体"的平台公司，探索跨市 TOD 合作开发机制，共建"轨道上的大湾区"。

表13：深圳市已建和在建轨道车辆段枢纽概况一览表①

车辆段名称	地址	周边用地开发情况	规模	主要功能	投资建设模式
竹子林车辆段	城市中心区外围地区	周边临近住宅区、公园绿地和大型交通设施，周边用地建成度较高	占地面积1.93万公顷，总建筑面积4.5万平方米	以交通功能为主，主要包括检修、仓储辅助及配套生活区	政府投资
龙华车辆段	新城区	周边临近住宅区，周边建成度不高	占地面积约20.4公顷，总建筑面积20.6万平方米	以居住功能为主，主要有商品房，配套商业、文化中心，幼儿园等	政府+市场投资
前海车辆段	城市中心区商务办公中心	周边均为商业办公室，周边用地建成度不高	占地面积50.9公顷，总建筑面积127.8万平方米	以商业功能为主，主要有商品房、办公楼、公寓、酒店、保障性住房、大型商业综合体、其他公共服务设施等	政府+市场投资
蛇口西车辆段	城市中心区外围地区	周边为住宅和产业用地，周边用地建成度较高	占地面积17.5公顷，总建筑面积30.6万平方米	以居住功能为主，主要包括商品房、配套商业	政府+市场投资

---

① 胡小霞．深圳市地铁车辆段枢纽综合开发研究［J］．中国建设信息化，2021（06）：68-70.

车辆段名称	地址	周边用地开发情况	规模	主要功能	投资建设模式
横岗车辆段	新城区	周边为城中村、住宅区和大片生态区，周边建成度不高	占地面积约44.24公顷，总建筑面积52万平方米	以居住功能为主，具体包括商品房、保障房、商业办公、公共配套设施等	政府+市场投资
塘朗车辆段	新城区	周边紧邻大学园和大片生态空间，周边建成度不高	占地面积约23.5公顷，总建筑面积75.54万平方米	以商业和居住功能为主，主要包括办公楼、商品房、保障性住房、配套商业以及公共配套设施等	政府+市场投资
深云车辆段	新城区	北大片区生态区包围，周边用地建成度不高	占地面积约31.84公顷	文体公园	政府投资
侨城东车辆段	城市中心区外围地区	周边临近住宅区、公园绿地和交通设施	占地面积约22.8公顷	检修、仓储辅助及运单单位办公生活区	政府投资
松岗车辆段	新城区	周边以产业用地为主，周边用地建成度不高	占地面积约42.1公顷，总建筑面积79.61万平方米	以住宅功能为主，主要有商品房、保障房、各类商业设施及其他公共配套设施	政府+市场投资
长圳车辆段	新城区	周边以产业、居住用地为主，周边用地建成度不高	占地面积约89公顷，总建筑面积164.7万平方米	以住宅功能为主，主要有保障房、商品房、各类商业设施及其他公共配套设施	政府+市场投资

深圳 TOD 建设过程中推动轨道上盖承载了更多民生工程，拓宽了公共住房供应渠道。截至 2020 年 6 月底，已交付公共住房 2.24 万套，在建 1.74 万套；建设学校 29 所，已交付 12 所。①

（二）广州市

1. 背景

广州是粤港澳大湾区乃至全国的轨道交通开通运营城市中 TOD 政策体系较完备、TOD 综合开发项目推进落地情况较好的城市。广州市轨道交通 TOD 政策及实践的良好发展与广州在粤港澳大湾区的政治经济地位，地铁在广州市公共交通体系中的重要性以及广州地铁面临的财务压力密切相关。

首先，从广州市的政治经济地位来看，国家层面对广州市的发展定位为广州未来的经济发展、交通发展和城市建设奠定了制度基础。在中共中央、国务院 2019 年印发的《粤港澳大湾区发展规划纲要》（简称《规划纲要》）中，广州是《规划纲要》中确定的大湾区四大中心城市之一，也是国家中心城市和综合性门户城市，要发挥引领作用，"全面增强国际商贸中心、综合交通枢纽功能，培育提升科技教育文化中心功能，着力建设国际大都市"。

其次，从地铁在广州市城市公共交通体系中的地位来看，在《规划纲要》指引下，广州市发布的《广州市交通运输"十四五"规划》（简称《规划》）提出，到"十四五"期末，城市轨道交通（地铁+有轨电车）通车里程超过 900 公里，其中地铁通车里程达到 860 公里以上。中心城区轨道交通站点 800 米半径人口覆盖率不低于 65%（表 14）。同时，《规划》还提出"构建中心城区以地铁为主、常规公交为辅，外围城区以常规公交与地铁接驳组团式出行"的公共交通体系。明确了地铁在城市公共交通体系中的重要地位。

---

① TOD 成为城市建设新浪潮，为什么深铁先火了？[EB/OL].[2021-09-30]. https://mp. weixin. qq. com/s/DKZdHzEAtbm_ N5ORatHk8A.

表 14：广州市城市轨道交通"十四五"规划指标体系

指标	2019	2020	2025	2035
城市轨道交通通车里程（公里）	523	553	≥900	2000
中心城区轨道交通站点 800 米半径人口覆盖率（%）	44.1	44.2	≥65	——

最后，从广州地铁面临的财务压力来看，2021 年 12 月 9 日，广州地铁集团接管了广东珠三角城际轨道交通有限公司①（后称"珠三角城际"），将自主运营珠三角城际铁路网，广州地铁须整合场站及周边土地资源以覆盖地铁、珠三角城际等，广州地铁面临更大的建设和资金压力。这可能促使广州市政府出台更有利的 TOD 政策来反哺轨道交通的建设及运营。广州的城市轨道交通 TOD 综合开发将面临新的重大机遇。

2. 广州市城市轨道交通发展建设基本情况

广州于 1997 年开通运营首条地铁，截至 2022 年底，广州市地铁运营里程 519.08 公里（排名第 4 在上海、北京、深圳之后），轨道交通总里程 621.58 公里（市域快轨 76.5 公里，有轨电车 22.1 公里，自导向轨道系统 3.9 公里），线路 18 条，车站 307 座。

2022 年公示的《广州市轨道交通线网规划（2018—2035 年）》提出构建高速地铁、快速地铁、普速地铁组成的城市轨道交通系统，共规划线路 53 条，规划总里程 2029 公里，其中高速地铁 5 条、452 公里，快速地铁 11 条、607 公里，普速地铁 37 条、970 公里，中心城区站点 800 米人口、就业岗位覆盖率超过 80%。与上一轮规划对比，新增 30 条、1004 公

---

① 珠三角公司成立于 2010 年 8 月，由广铁集团、广东省铁路建设投资集团有限公司分别作为国铁集团前身原铁道部以及广东省政府的出资者代表，股东双方各出资 50% 组建。经过近年多次股权置换，省方持股比例逐渐上升。在此次管理权移交之前，广东铁投持股 64.74%，广铁集团持股 23.42%，广东省国资委下属的广东恒健投资控股有限公司持股 11.84%。珠三角公司建设和运营着珠三角地区绝大部分城际铁路项目。参见广州地铁接管珠三角城际，如何利好大湾区百万跨城通勤族 [EB/OL]. (2022-01-06). https：//www.sohu.com/a/514794681_ 120179484

里线路。① 从客流量来看（参见表 15），2022 年广州地铁日均客流达到
646 万人次，在 46 个样本城市中排名第一。广州轨道交通地铁线网规模及
客流量对其轨道交通 TOD 综合开发形成了有效支持。

表 15：广州地铁日均客流②

年份	日均客流量（万人次/日）
2022	646
2021	776
2020	659
2019	906

3. 广州市城市轨道交通 TOD 综合开发政策体系及其特征

（1）广州市城市轨道交通 TOD 综合开发政策演变

广州市自 20 世纪 90 年代起，学习香港地铁，探索地铁投融资机制创
新，以及沿线土地储备及综合开发，出台了一系列政策（表 16）。

2012 年出台的《关于印发广州市推进轨道交通沿线土地和物业开发工
作方案和 2012—2016 年广州市轨道交通沿线土地储备规划（首批）的通
知》（穗府办函〔2012〕172 号）是较早的推动轨道交通 TOD 综合开发的
政策文件。2015 年又出台了《关于印发轨道交通沿线土地储备工作实施细
则和工作机制的通知》（穗府办函〔2015〕20 号），规定了轨道交通沿线
土地储备的实施细则和机制。同年还出台了《广州市人民政府办公厅关于
印发推进轨道交通沿线物业综合开发实施意见的通知》（穗府办函〔2015〕
55 号）（后称《实施意见》）。这一文件明确了政策目标就是"创新轨道
交通建设投融资体制"，"实现开发收益对轨道交通建设运营的反哺"。在
这一政策目标的指引下，上述实施意见初步划定了物业综合开发的范围、

---

① 厉害了！广州规划新增 30 条地铁线路！[EB/OL].[2023-07-31].http://td.gd.gov.cn/
gkmlpt/content/3/3989/post_3989483.html#1479.
② 广州日报.单日客流量达 1030 万人次 广州地铁客流量创 2022 年以来新高[EB/OL].
广州市人民政府网，2023-02-26.

开发机制（包括开发规划、开发方式、开发程序、成本及收益管理等）、保障机制（土地征收机制，以及实施绿色通道、并联审批等规定，并由协调小组来进行各事项的协调推进）。

随后于 2017 年出台了《广州市轨道交通场站综合体建设及周边土地综合开发实施细则（试行）》（穗府办规〔2017〕3 号）（后称《实施细则》），这是广州首个面向轨道交通 TOD 综合开发的实施细则指引，是基于广州自身多年探索实践总结，并充分汲取先进城市经验后所编写形成的文件，直接指导了广州市轨道交通第三期线网的综合开发工作。《实施细则》第七条进一步指明了广州实施土地综合开发反哺轨道交通建设运营的目标，即 "轨道交通场站周边土地综合开发规划应考虑轨道交通线网投资与周边土地综合开发收益的总体平衡"，"周边一级开发收益估算总额原则上大于或等于轨道交通线路投资总估算；轨道交通投资建设主体参与的二级开发收益估算应与站点投资建设和运营亏损规模匹配"。同时《实施细则》将开发用地分为场站综合体和周边土地综合开发两类，规定了两类开发规划方案的编制、方案审查、土地征收与储备等重要内容。

2019 年和 2020 年广州分别出台了《轨道交通场站综合体用地收储补偿实施方案》（穗规划资源字〔2019〕255 号）、《关于印发广州市改革优化土地储备市区联动机制方案的通知》（穗府办函〔2020〕15 号）等配套政策，以支持 TOD 综合开发的推进。2021 年，广州地铁还编制了《广州地铁 TOD 综合开发白皮书》来指导地铁公司的 TOD 综合开发工作。

表 16：广州市轨道交通 TOD 综合开发相关政策

年份	政策名称
2012 年	关于印发广州市推进轨道交通沿线土地和物业开发工作方案和 2012—2016 年广州市轨道交通沿线土地储备规划（首批）的通知（穗府办函〔2012〕172 号）
2015 年	关于印发轨道交通沿线土地储备工作实施细则和工作机制的通知（穗府办函〔2015〕20 号）

续表

年份	政策名称
2015 年	广州市人民政府办公厅关于印发推进轨道交通沿线物业综合开发实施意见的通知（穗府办函〔2015〕55 号）
2017 年	关于广州市保障城市轨道交通企业可持续发展和创新新一轮线网投融资机制的意见（穗府办函〔2017〕45 号）
2017 年	广州市轨道交通场站综合体建设及周边土地综合开发实施细则（试行）（穗府办规〔2017〕3 号）
2019 年	轨道交通场站综合体用地收储补偿实施方案（穗规划资源字〔2019〕255 号）
2020 年	关于印发广州市改革优化土地储备市区联动机制方案的通知（穗府办函〔2020〕15 号）
2021 年	广州地铁 TOD 综合开发白皮书

（2）广州城市轨道交通 TOD 政策要点

与 2022 版相比，2023 版广州城市轨道交通 TOD 政策指数综合得分仍排名第三位。2022 年度，广州没有出台有关 TOD 综合开发的新政策。在广州已出台的一系列政策中，其在综合开发类政策（站点分级分类、容积率规定）、理念规划类政策（理念认知、规划融合）、审批协调（审批流程、领导小组）和市场运用（参与主体、合作模式）方面都较突出，但是在土地储备规模和对广州地铁集团的土地优惠方面则支持力度较小。

①用地保障相关政策

土地储备（2分）：推动 TOD 综合开发的根本支持条件是站场周边地区的土地收储及土地供应。2012 年出台的《关于印发广州市推进轨道交通沿线土地和物业开发工作方案和 2012—2016 年广州市轨道交通沿线土地储备规划（首批）的通知》（穗府办函〔2012〕172 号）开始提出进行土地储备，"综合考虑线路的功能布局及轨道交通站点周边综合开发的需要，按主枢纽站、重要站点和一般站点三个层次，在站点周边划出一定范围的区域，编制一定年期轨道交通沿线土地和物业开发规划报市政府批准后，同意进行储备"。具体来看，一些站点"在站点周边 300 米半径范围内选择地块，并可依地块用地红线、规划、权属等实际情况，选择储备地块"；而"对城市外围区（县级市）尚未开发的区域，范围可扩大至 500 米半径"。2015 年发布的《广州市人民政府办公厅关于印发推进轨道交通沿线物业综合开发实施意见的通知》（穗府办函〔2015〕55 号）也提出要"加快土地储备"。

在 2017 年《实施细则》"土地综合开发反哺轨道交通建设运营"的工作要求下，广州地铁对地铁第三期十条线 113 个站点沿线进行土地摸查，共摸查出 33 个场站综合体用地，用地 400 公顷；18 片综合开发用地，用地 1400 公顷（图 34，表 17）。经对 33 个场站综合体、正在推进的车辆段及其他地块收益测算，筹集资金 700 多亿元与建设资金需求基本可平衡。

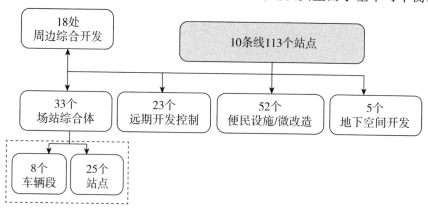

图 34：广州地铁第三期站点土地摸查情况

表 17：广州地铁第三期 33 个场站综合体用地选取结果

类型	数量	基本情况
储备用地	14 块	4 块，已完成储备，包括陈头岗车辆段、员村站、庙头站、庆盛站（已出让）
		10 块，正储备中，包括琶洲西区站、番禺广场站、横沥站、白鹅潭、蕉门（预留）、槎头站、西洲站、黄金围（预留）、嘉禾望岗站、江府路站

类型	数量	基本情况
国有用地	10块	8个，可纳入但未完全纳入城市更新范围的，新市墟站、西朗站、丰乐南路站、双岗站、黄埔客运港站、赤沙站、赤岗站、番禺客运站
		2个，已纳入城市更新范畴，祈福新村站、金光大道站
集体用地	9块	5个，以农用地为主，包括万顷沙车辆段、广钢新城车辆段、槎头车辆段、广州新城西车辆段朝阳站
		2个，农用地和村建设用地各占一半，包括凰岗停车场、上堂车辆段
		2个，下阶段拟申请调整的，包括大干围站（拟整村改造）、石牌南站（完全不计划改造）

资料来源：根据广州地铁调研资料整理。

《实施细则》提出，轨道交通场站综合体项目用地明确选址后，将纳入轨道交通主体工程征收范围，由轨道交通投资建设主体以工程名义一并征收综合体用地及轨道交通主体工程，节省综合体征地成本，并加快征地速度，切实保障综合体开发所需用地。

②综合开发相关政策

分级分类（3分）：《实施细则》第十一条中提出，在编制轨道交通场站综合体概念初步方案时，应该"研判开发条件，并进行分类"，也就是根据站点的开发条件分为 ABCD 四类，并明确各类的开发重点（表18）。

表18：广州轨道交通场站综合体分类及其开发重点

分类	开发重点
车辆基地综合开发（A类）	此类项目应尽量结合轨道站点规划建设，并做好与轨道站点的交通衔接组织

续表

分类	开发重点
具备较好开发条件站点（B类）	此类站点一般位于城市中心区边缘或待开发区域。可结合周边用地和规划合理确定出入口、通风亭等轨道站点设施的位置，并有条件对轨道站点设施覆盖的区域进行整体规划、设计、建设
具备局部开发条件站点（C类）	此类站点可结合部分轨道站点出入口、通风亭等轨道站点设施进行局部开发
不具备开发条件站点（D类）	此类站点一般位于城市中心区。应重点考虑轨道设施与周边交通的衔接和景观环境的升级改造

容积率（3分）：在容积率方面，广州市并未明确要求提升TOD周边区域的开发强度，只是在《实施意见》中给出了方向性建议，"对于地铁站场周边综合开发地块，市国土资源和规划委在审核控制性详细规划时，按照区域平衡、适当集中的原则，将地区开发强度向城市轨道交通站场周边地块适度集中"。

③理念规划相关政策

理念认知（4分）：广州市虽然较早参与TOD综合开发，也在2015年发布的《实施意见》中提出了"采取公交导向型（TOD）开发模式，实施综合开发，促进城市与轨道交通协调发展"，但其更看重"轨道+物业"带来的经济利益以反哺轨道交通建设及运营，而非利用TOD作为城市运营理念。

规划融合（4分）：广州市出台的政策在推进涉及TOD综合开发的各项规划相互融合方面表现较好，这可能与广州市政府希望最大化综合开发收益以减少财政投入有关。具体来看，在《实施细则》第六条中提出"在轨道交通线网建设规划阶段同步编制轨道交通场站周边土地综合开发规划方案"；同时"轨道交通场站周边土地综合开发规划方案要纳入轨道交通线网建设规划，单独成章，分线路设节，按站点编列项目"。

第九条提出"轨道交通线网建设规划和工程可行性研究报告阶段同步编制轨道交通场站综合体概念方案。在轨道线网建设规划阶段完成轨道交通场站综合体概念初步方案，可行性研究阶段完成轨道交通场站综合体概念方案"。

《实施细则》实现了轨道交通建设规划、可研、建设实施阶段，充分衔接场站综合体与地铁主体工程，实现了"规划、选址、设计同步及一体化建设"（图35）。

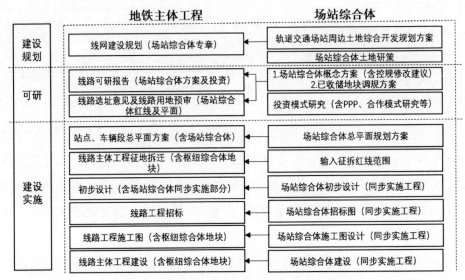

图 35：广州市轨道交通综合开发规划编制流程

资料来源：依据广州地铁调研资料整理。

④审批协调相关政策

领导小组（3分）：广州市在《实施意见》中提出，为加强城市轨道交通沿线物业综合开发工作协调，由市发展改革委牵头，会同市国资委、财政局、国土资源和规划委、住房和城市建设委及城市轨道交通建设主体成立"城市轨道交通沿线物业综合开发工作协调小组"，负责协调解决沿线物业综合开发工作。

在《实施细则》中提出"在广州铁路枢纽建设指挥部下设轨道交通场站综合体建设及周边土地综合开发工作协调小组"，主要"负责轨道交通场站综合体建设及周边土地综合开发工作的政策研究、方案制定和综合协调"。该协调小组"由市长担任组长，分管副市长担任副组长"。成员单位包括市发展改革委、国土规划委、住房城乡建设委、交委、国资委、城市更新局、土地开发中心，各区政府、市属轨道交通投资建设主体等单位，办公室设在市发展改革委。各成员单位按职责分工在协调小组总体统筹下发挥各自职能，共同推进目标落地，形成较完善的统筹性、常态化协调机制。①

审批流程（3分）：广州市出台了相关政策以简化轨道交通 TOD 综合开发部分事项的审批流程。其中，《关于印发广州市推进轨道交通沿线土地和物业开发工作方案和2012—2016年广州市轨道交通沿线土地储备规划（首批）的通知》（穗府办函〔2012〕172号）中提出"轨道交通沿线土地储备开发项目与主体工程一并列为市重点项目，市有关部门要加快审批并优先保证项目土地利用年度计划指标"。在《实施细则》第十五条中提出轨道交通场站周边"土地综合开发项目审批事项纳入广州市重点项目绿色通道"。

⑤市场运用相关政策

参与主体（5分）：在广州的《实施细则》中，明确规定了不同类型参与主体适用的开发类型，政府主要参与不具备综合开发条件的轨道交通场站的建设，而那些具备较好开发条件的站点或车辆基地则鼓励社会资本积极参与（表19）。

表19：广州轨道交通场站参与主体及参与方式的具体规定

类型	具体规定
政府投资类	原则上适用于不具备综合开发条件的轨道交通场站；土地供应主要采用划拨方式
运营企业投资类	原则上适用于具备局部开发条件的轨道交通场站；土地供应采用协议出让、公开出让等方式

① 刘雨菡，鲍梓婷，田文豪.TOD站城融合发展路径与广州实践：多层级空间治理与协作式规划设计［J］.规划师，2022，38（02）：5-15.

续表

类型	具体规定
社会投资类	适用于具备较好开发条件的站点或车辆基地，采取带轨道交通站场综合体概念方案公开出让方式。出让方案须包括轨道交通设施建设。轨道交通投资建设主体对该类土地提出的开发时序、技术措施等涉及轨道交通设施保护和施工影响的要求，应当作为土地出让的必要条件

　　具体来看，在土地一级开发方面，广州市探索了两种开发模式："开发+配建"招标模式和公开挂牌（带条件出让）模式。"开发+配建"招标模式，适用于土地已达到出让条件，且综合开发配建交通设施可满足交通设施建设工期、工程质量、建设运营安全等各方面要求的项目，经政府相关部门批准后，采用"开发+配建"招标模式，由中标单位获得土地开发权并按要求配建交通设施，建成后移交交通设施运营主体使用。

　　公开挂牌（带条件出让）模式，适用于交通设施已实施并具备综合开发条件的项目，在交通设施运营主体同意后采用公开挂牌方式，并设置相关条件：一是设置竞买人需有线网建设、运营、管理经验以及上盖物业开发经验等条件，确保交通设施运营安全。二是设置竞得人需与地铁公司签订建设管理协议、开发方案需报地铁公司审查等要求，确保一体化开发方案满足地保要求，顺利落地。

　　合作模式（4分）：在《实施细则》第二十四条中提出了社会资本参与 TOD 综合开发项目的合作方式的具体规定，政策鼓励社会资本与轨道交通投资建设主体合作投资建设，同时，社会投资主体也可单独投资建设。如果由社会投资主体单独投资建设，可采取两种方式：一是"由社会投资主体一并投资建设轨道交通设施，承担投资开发成本"，二是"由社会投资主体统一建设，在初步设计概算阶段明确轨道设施部分和综合开发部分投资分摊，轨道交通投资建设主体承担轨道交通设施建设费用"。

　　根据收集到的调研资料，在土地二级开发方面，根据地块开发条件，轨道交通经营主体（广州地铁）可灵活选择自主开发、合作开发（对方并表和操盘、地铁公司并表由对方操盘、双方联合操盘）或不直接参与开发的模式等与社会资本进行合作开发。

广州市轨道交通 TOD 核心政策要点如表 20 所示：

表 20：广州轨道交通 TOD 核心政策列表

指标	具体规定	政策来源
用地保障	土地储备：综合考虑线路的功能布局及轨道交通站点周边综合开发的需要，按主枢纽站、重要站点和一般站点三个层次，在站点周边划出一定范围的区域，编制一定年期轨道交通沿线土地和物业开发规划报市政府批准后，同意进行储备 一些站点"在站点周边 300 米半径范围内选择地块，并可依地块用地红线、规划、权属等实际情况，选择储备地块"；而"对城市外围区（县级市）尚未开发的区域，范围可扩大至 500 米半径"	《关于印发广州市推进轨道交通沿线土地和物业开发工作方案和 2012—2016 年广州市轨道交通沿线土地储备规划（首批）的通知》（穗府办函〔2012〕172 号）
综合开发	分级分类："研判开发条件，并进行分类"，即根据站点的开发条件分为 ABCD 四类，并明确各类的开发重点	《广州市轨道交通场站综合体建设及周边土地综合开发实施细则（试行）》（穗府办规〔2017〕3 号）
	容积率：对于地铁站场周边综合开发地块，市国土资源和规划委在审核控制性详细规划时，按照区域平衡、适当集中的原则，将地区开发强度向城市轨道交通站场周边地块适度集中	《广州市人民政府办公厅关于印发推进轨道交通沿线物业综合开发实施意见的通知》（穗府办函〔2015〕55 号）
理念规划	规划融合："在轨道交通线网建设规划阶段同步编制轨道交通场站周边土地综合开发规划方案"；同时"轨道交通场站周边土地综合开发规划方案要纳入轨道交通线网建设规划，单独成章，分线路设节，按站点编列项目"。	《广州市轨道交通场站综合体建设及周边土地综合开发实施细则（试行）》（穗府办规〔2017〕3 号）

指标	具体规定	政策来源
审批协调	领导小组：①成立"城市轨道交通沿线物业综合开发工作协调小组"，负责协调解决沿线物业综合开发工作；②在广州铁路枢纽建设指挥部下设轨道交通场站综合体建设及周边土地综合开发工作协调小组，协调小组"由市长担任组长，分管副市长担任副组长"	《广州市人民政府办公厅关于印发推进轨道交通沿线物业综合开发实施意见的通知》（穗府办函〔2015〕55号）；《广州市轨道交通场站综合体建设及周边土地综合开发实施细则（试行）》（穗府办规〔2017〕3号）
	审批流程：轨道交通场站周边"土地综合开发项目审批事项纳入广州市重点项目绿色通道"	《广州市轨道交通场站综合体建设及周边土地综合开发实施细则（试行）》（穗府办规〔2017〕3号）
市场运用	参与主体：轨道交通场站综合体土地供应可结合地块实际，按照"一体规划、同步建设、统一供应"的思路，根据投资类别分为三种模式：政府投资类、运营企业投资类和社会投资类 合作模式：（一）对于政府投资类项目，按照政府投资管理相关规定执行，相应投资纳入轨道交通建设资金统筹解决。（二）对于运营企业投资类项目，可参照政府投资项目统一规划设计、整体报建，在初步设计概算阶段，明确轨道设施部分和综合开发部分投资分摊。（三）对于社会投资类项目，鼓励轨道交通投资建设主体与社会资本合作投资建设，也可由社会投资主体单独投资建设，如由社会投资主体单独投资建设的，可采取两种方式：1.由社会投资主体一并投资建设轨道交通设施，承担投资开发成本。2.由社会投资主体统一建设，在初步设计概算阶段明确轨道设施部分和综合开发部分投资分摊，轨道交通投资建设主体承担轨道交通设施建设费用	《广州市轨道交通场站综合体建设及周边土地综合开发实施细则（试行）》（穗府办规〔2017〕3号）

4. 广州市城市轨道交通 TOD 综合开发基本情况

广州地铁较早实施"轨道+物业"模式，经过多年的实践发展，广州地铁已经探索出适合城市特色的多种综合开发模式。截至 2022 年底，广州地铁已建成地铁物业项目 6 个（表 21），在建物业项目 10 个（表 22）

2021 年发布的《广州地铁 TOD 综合开发白皮书》① 将广州地铁参与 TOD 项目划分为四个阶段：1992—2009 年是广州地铁 TOD 的 1.0 版本，此时主要是单站开发，以公开招商方式引入了境外招商引资进行合作开发，代表项目为动漫星城。

2010—2016 年是广州地铁 TOD 的 2.0 版本，此时已演变为站楼一体开发，此阶段以广州地铁自主开发为主，通过站点上盖综合开发整合融公共交通、商业、写字楼、住宅、酒店等于一体的城市综合体，代表项目是地铁金融城、荔胜广场、万胜广场。

2017—2019 年是广州地铁 TOD 的 3.0 版本，此时 TOD 开发包含站城一体开发，此阶段以合作开发为主，主要是车辆段/停车场上盖综合开发，融入居住、商业配套、公共配套、教育、养老等产业，打造大型综合社区。代表项目有官湖、萝岗、陈头岗、镇龙、水西、白云湖。这一年，广州市政府发布了《广州市轨道交通场站综合体建设及周边土地综合开发实施细则（试行）》（穗府办规〔2017〕3 号），进一步明确通过物业开发筹集轨道交通建设和运营补亏资金。正是在这一政策支持下，广州地铁拿地数量增加。②

2020 年广州地铁 TOD 升级为 4.0 版本，此时的 TOD 开发融入站城产人文开发（包含经济、社会、生态），此阶段多种开发模式并举，融公共交通、城市、产业、社会生活、文化为一体，实现"轨道+生活"的 4.0 综合开发模式。代表项目为白云（棠溪）站场综合体项目。

---

① 广州地铁沿线生活的 TOD 模式究竟是什么？一图带你读懂它［EB/OL］.［2023-08-02］. https：//www.sohu.com/a/448110735_281835.

② 6 年拿 15 块地！广州地铁近年为何加速打造轨道交通 TOD［EB/OL］.（2022-05-11）. https：//m.mp.oeeee.com/a/BAAFRD000020220511682394.html

表 21：广州地铁已建成物业项目（截至 2022 年 9 月末）

项目	主要用途	取得方式	开发模式	出租/出售进度
大埔项目（紫薇花园）	住宅、社区商铺	土地出让	自行开发	已销售面积 11.49 万平方米，基本全部售完（除一个 8 平方米非正常大小面积车位和 8 间商铺外，其余均已销售或待售）
地铁金融城	住宅、酒店、写字楼、裙楼商铺	土地出让	自行开发	已销售面积 19.78 万平方米；可出租面积 12.40 万平方米，2019—2021 年为免租期，商场后续将产生租金收入
地铁指挥中心（万胜广场）	写字楼、裙楼商铺、地铁指挥中心	土地出让	自行开发	可出租面积 21.93 万平方米，出租率达 99%
坑口综合枢纽项目（荔胜广场）	写字楼、裙楼商铺	土地出让	自行开发	已销售面积 3.10 万平方米，可出租面积 6.45 万平方米，出租率为 82%，预计随着运营开展，出租率将继续提升
动漫星城	公共设施用地、商服用地	土地出让	自行开发	已全部销售
贵贤上品	住宅、写字楼、裙楼商铺	土地出让	自行开发	已销售面积 7.43 万平方米，目前仅余商铺，出租率为 98%

表 22：广州地铁在建物业项目（截至 2022 年 9 月末）

项目名称	项目建设主体	主要用途	取得方式	开发模式
大坦沙项目（悦江上品）	广州地铁集团有限公司	住宅、社区商铺	土地出让	自行开发
官湖项目（品秀星图）	广州市品秀房地产开发有限公司	住宅、社区商铺、其他	土地出让	合作开发
汉溪长隆项目	广州耀胜房地产开发有限公司	商场、住宅、酒店、写字楼、停车场	土地出让	合作开发
陈头岗（品秀星瀚）	广州市品荟房地产开发有限公司	产品定位：住宅+租房+社区配套	土地出让	合作开发
萝岗（品秀星樾）	广州市品悦房地产开发有限公司	产品组合：超高局洋房+合院别墅+高端人才公寓	土地出让	合作开发
白云湖（品实·云湖花城）	广州市品实房地产开发有限公司	住宅项目、销售	土地出让	合作开发
镇龙项目	广州市品辉房地产开发有限公司	商住	拍卖	分期开发
水西项目	广州市品冠房地产开发有限公司	商住	拍卖	分期开发
槎头西项目	广州市品诚房地产开发有限公司	商住	拍卖	分期开发
赤沙北项目	广州市品臻房地产开发有限公司	住宅项目、销售	土地出让	合作开发

数据来源：《2023 年第一期广州地铁集团有限公司公司债券募集说明书》。

（三）东莞市

1. 背景

东莞的轨道交通 TOD 政策和 TOD 发展实践存在着不匹配的情况。一方面，东莞市出台了从《关于创新体制机制加快轨道交通建设发展的若干意见》《东莞市轨道交通站场周边土地综合开发及站场综合体建设实施细则》到各类配套政策的相对完备的 TOD 综合开发政策体系，为本市的 TOD 综合开发实践奠定了良好的基础；但另一方面，东莞地铁的 TOD 综合开发项目进展却相对缓慢，尤其是作为地铁投融资主体的市属国企主导的 TOD 综合开发项目很少，在实施过程中仍然遭遇了重重阻力。本部分将对这一情况产生的原因进行初步探讨。

面对上述情况，东莞市也在转变轨道交通发展思路，2022 年东莞市轨道交通局发布的《东莞市轨道交通发展"十四五"规划》显示，其轨道交通线网发展思路已经从联系各镇转变为"加强对中心城区国际商务区、行政中心区等重点片区的通勤需求服务，构筑与城市中心相契合的交通枢纽体系""强化中心城区、滨海湾新区、松山湖'三心'以及虎门、常平等街镇间的快速联系"，这有利于增强轨道交通周边开发的吸引力。同时，随着 TOD 项目实践与 TOD 政策体系的相互促进，东莞的 TOD 综合开发政策体系的不断调整优化在未来可能会成为当地 TOD 综合开发项目的重要制度保障。

2. 东莞市城市轨道交通发展情况

（1）东莞城市轨道交通建设规划情况

2016 年 5 月 27 日，东莞城市轨道交通 2 号线一、二期开通运营，里程 37.8 公里，车站 15 座，东莞正式迈入地铁时代。根据《东莞市城市轨道交通第二期建设规划调整（2021—2026 年）》，东莞有地铁 1 号线一期，2 号线三期两条在建线路，在建里程 74.76 公里，车站 34 座。近期还将建设 3 号线一期工程，里程 51.5 公里，车站 20 座（表 23）。

表 23：东莞市城市轨道交通已建、在建、近期拟建设情况

建设情况	线路	功能定位	里程（公里）	车站（座）	平均站间距（公里）
运营	2号线一二期	对外与珠三角区域轨道交通枢纽衔接，支持东莞与广州、深圳和香港的区域合作。对内串联西部城镇密集带，加强城区与厚街、虎门、长安之间的联系，为沿线城镇提供便捷的交通服务	37.8	15	2.52
在建	1号线一期	对外与广、深城市轨道网衔接，促进东莞与广州、深圳的区域合作。对内连接西北组团、中心组团和东南组团，加强各组团与中心城区以及沿线各镇区之间的交通联系	57.46	25	2.30
在建	2号线三期（虎门火车站—交椅湾站）	快速联系西北片区和西南片区，快速联系城区和虎门、滨海湾新区三个中心，有利于提升中心职能，并促进沿线镇街的发展	17.3	9	1.92
近期拟建	3号线一期（东莞东站—长安新区南站）	快速联系了西南片区、中部片区和东北片区，同时加强了沿线各镇街的联系，加强了长安、松山湖和常平三个中心的快速联系，有利于提升长安、松山湖和常平的中心职能，同时促进各镇街的发展	51.5	20	2.58

数据来源：《东莞市城市轨道交通第二期建设规划调整（2021—2026年）》。

另外，根据东莞市轨道交通线网远期和远景规划《东莞市轨道交通网络规划（2035）》，到远期2035年将形成4条城市轨道快线（224公里），十条城市轨道通勤普线（242公里），深圳延伸线路在东莞境内线路1段

（7 公里），规划总里程 473 公里（表 24）；到远景 2050 年，规划形成 4 条城市轨道快线（263 公里），13 条城市轨道通勤普线（386 公里），深圳延伸线路在东莞境内线路 2 段（19 公里），规划总里程 668 公里（表 25）。轨道交通的快速网络化前景以及东莞市良好的经济发展基础为轨道交通 TOD 的发展奠定了基础。

表 24：东莞市城市轨道交通线网规划情况（2035）

线路	起点	终点	长度
1 号线	麻涌	塘厦	93
2 号线	东莞站	滨海湾新区	56
3 号线	东莞东站	滨海湾新区	54
4 号线	常平	黄江	21
小计			224
5 号线	石排	松山湖	38
6 号线	高埗	水濂山	25
7 号线	南城	松山湖	31
7 号线支线	万江	莞城	8
8 号线	万江	寮步	27
9 号线	厚街寮厦	滨海湾新区	38
10 号线	虎门	长安	23
12 号线	南城	石碣	22
16 号线	塘厦	凤岗	30
小计			242
深圳 10 号线	—	—	7
合计			473

数据来源：《东莞市轨道交通网络规划（2035）》。

表 25：东莞市城市轨道交通线网规划情况（2050）

线路	起点	终点	长度
1 号线	麻涌	塘厦	93
2 号线	东莞站	滨海湾新区	56
3 号线	企石	滨海湾新区	71
4 号线	石龙	黄江	43
小计			263
5 号线	石排	松山湖	38
6 号线	高埗	水濂山	25
7 号线	南城	松山湖	31
8 号线	万江	横沥	39
9 号线	厚街寮厦	长安新区	38
10 号线	虎门	长安	23
11 号线	莞城	水濂山	20
12 号线	道滘	石龙	37
13 号线	水濂山	东莞港	18
14 号线	虎门	长安新区	20
15 号线	黄江	清溪	29
16 号线	塘厦	凤岗	30
17 号线	东莞站	谢岗	38
小计			386
深圳 10 号线	—	—	7
深圳 4 号线和 31 号线连接线	—	—	12
合计			668

数据来源：《东莞市轨道交通网络规划（2035）》。

（2）东莞城市轨道交通客流情况

从客流量的角度来说，东莞地铁的客流量呈现两个特征，一是日均客流较低；二是周末客流量高于工作日客流量，地铁主要发挥了娱乐出行的功能，而非通勤功能。表 26 给出了 2018—2022 年的东莞地铁日均客流数据，其中，2022 年东莞地铁客运客流仅 8.99 万人次/日，在 46 个样本城市中排名第 36 位。图 36 表明，东莞地铁 7 月 22 和 7 月 23 日周末的客流（万人次/日）明显高于周一到周五的工作日客流量。

表 26：东莞地铁日均客流

年份	日均客流量（万人次/日）
2022	8.99
2021	11.31
2020	9.73
2019	13.37
2018	10.49

数据来源：交通运输部 2018—2022 年城市轨道交通运营数据速报。

东莞地铁客流量的上述特征意味着地铁对居民通勤出行的吸引力较低，人口难以向轨道交通站点附近转移和集聚，这会对东莞围绕轨道交通站点进行 TOD 综合开发和从综合开发中捕获价值溢价的能力构成挑战。

东莞地铁客流量特征与东莞地铁本身的设计规划、城市空间特征、产业结构等密切相关。首先，地铁站间距过大导致无法实现沿线客流有效覆盖。东莞地铁 1 号线一期、2 号线三期、3 号线一期等线路被定位为市域快线，站间距过大，导致中心城区、组团内部服务不足，无法满足通勤客流需要。东莞已建、在建地铁线路中，平均站间距最小为 1.92 公里，最大为 2.58 公里，这与通常 500—1000 米的地铁站间距要求相比过大。

其次，东莞以制造业为主要经济支柱，尤其是电子、纺织、玩具等制造业。这些产业往往需要大量的劳动力，但在生产过程中往往不需要频繁的人

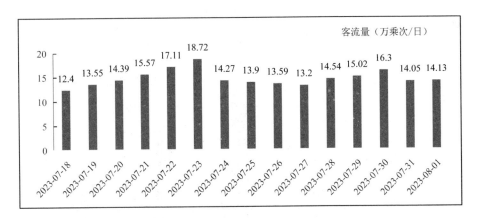

图36：东莞地铁2023年7月18日—2023年8月1日客流量情况

数据来源：东莞地铁信息概览。

员流动，因为厂区内部会提供员工宿舍，实现了职住一体。相比之下，金融、科技等产业更容易带来大规模人员流动，从而促进地铁客流量的增加。因此，东莞的产业结构也在一定程度上减少了人口对地铁出行的需求。

再次，东莞城市空间较分散，形成了中心、西北、西南、东北、东南五大城市组团，中心城区、松山湖、滨海湾等多个城市核心，与单一中心城市相比，其出行需求相对分散。

最后，相比地铁线网，东莞公路网更成熟，有17条一级公路，包括107国道、东部快速干线、环莞快速路、广深高速、广深沿江高速、莞佛高速。截至2018年年底，东莞一级公路通车里程5265公里，公路密度达到213.6公里/百平方公里，一级公路密度居全省第一。同时，根据公安部交通管理局数据显示，2021年东莞私家车保有量已跃居广东省第一，小汽车保有量为372.7万辆，平均每3个东莞人就拥有1辆小汽车，拥车率远高于深圳、广州（图37）。① 这就形成了东莞短途出行少，长途出行主要依赖小汽车的出行模式。

综上，为了提升TOD综合开发的实施效果，东莞市可能需要深入研究城市特征，将提升地铁客流量的相关政策举措与TOD综合开发政策举措有

---

① 2022年客流量减少20%，东莞人口更钟意搭地铁？［EB/OL］. 搜狐网，2023-01-13.

效结合。

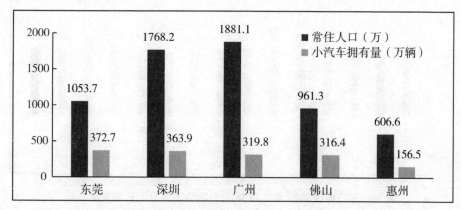

图 37：2021 年广东省小汽车保有量排名前 5 名

数据来源：各市统计公报。

3. 东莞市城市轨道交通 TOD 综合开发政策体系及其特征

（1）东莞城市轨道交通 TOD 综合开发政策发展演变

东莞市在近些年出台了大量 TOD 相关的框架性与配套性文件，形成了比较好的政策体系支撑。2023 版，东莞市城市轨道交通 TOD 政策指数综合得分在 46 个样本城市中排名第二，仅次于成都，表现突出。

东莞之所以在轨道交通线网运营规模较小时就出台了一系列政策，主要是基于两个方面的原因：其一是东莞面临的财政压力。东莞的轨道交通从业者指出，与深圳作为计划单列市不需要上交财政收入给广东省的情况不同，东莞为三级财政，地区财政收入的相当部分需要上交给省和中央，相对来说，东莞的财政状况更紧张。因此，东莞希望能够在轨道交通修建后，利用 TOD 来反哺轨道交通建设。其二是东莞与香港、广州、深圳等 TOD 综合开发先锋城市有非常近的地理距离，主政者及从业人员受其"轨道+物业"模式的影响颇深，因此 TOD 政策能够快速在东莞出台。

具体来看，2013 年东莞市政府就印发《东莞市轨道交通站场 TOD 规划建设工作实施方案》，提出将实施土地开发增值反哺轨道交通建设策略，围绕轨道站场 TOD 综合开发总体策略、一体化规划等开展工作。方案出台标志着 TOD 模式在东莞正式进入实施阶段①。但此后，由于缺乏配套的操作细则和操作流程，TOD 开发"实施主体不够明确、开发用地收储较难、属地参与激励不够、上盖物业实施瓶颈多"②，导致 TOD 推进速度较慢，甚至处于停滞阶段。

2018 年 1 月，东莞市委书记、市人大常委会主任吕业升主持召开市委常委会会议，审议通过《关于创新体制机制加快轨道交通建设发展的若干意见》（东府〔2018〕26 号）③ 以及《东莞市轨道交通建设投融资管理办法》（东府〔2018〕27 号）、《东莞市轨道交通站场地区规划管理办法》（东府〔2018〕28 号）、《东莞市轨道交通站点周边土地专项储备管理办法》（东府〔2018〕29 号）、《东莞市城市轨道交通建设管理办法》（东府〔2018〕30 号）等相关配套文件，即"1+N"政策文件。这些政策文件形成了东莞市轨道交通建设管理、TOD 综合开发规划、TOD 土地收储等全方位的政策体系。2018 年 8 月，东莞市出台了《东莞市轨道交通站场周边土地综合开发及站场综合体建设实施细则》（东府〔2018〕86 号，后简称《细则》），进一步形成了"1+N+细则"的政策体系。《细则》旨在加快推进轨道交通建设和站场周边土地综合开发，建设综合换乘系统，改善出行条件。同时，《细则》对轨道交通站场周边土地储备、综合开发等做出规定，将推动形成城市功能区，实现站场周边土地高效集约利用，从而充分发挥轨道交通综合效益，提升城市品质。2018 年 10 月，东莞市编制出台了《东莞市轨道交通站场 TOD 与 TID 规划研究技术指引》以及《东莞市轨道交通 TOD 范围土地容积率调整工作方案》。2020 年 6 月出台《东莞市轨道交通 TOD 地区土地与空间复合利用管理规定》④，对土地与空间复

---

① 东莞 77 个轨道站场将进行 TOD 开发 首批开发站点公布 ［EB/OL］. (2013-11-19) http://www.dg456.com/thread-29596-1-1.html.

② 东莞 TOD 开发办李天海：TOD 开发用地招拍挂或附带配建条件 ［EB/OL］. (2017-07-25) http://www.tod-center.com/a/share/tod/2017/0725/222.html.

③ 东莞市审议通过轨道交通建设发展"1+N"政策文件 ［EB/OL］. 搜狐网, 2018-01-15.

④ 《东莞市轨道交通 TOD 地区土地与空间复合利用管理规定（试行）》政策解读 ［EB/OL］. 东莞市轨道交通局网站, 2021-12-22.

合利用、交通配套设施、公共空间和公共设施、地下空间等方面的建设和
开发利用制定了相应的标准。2021 年出台《东莞市轨道交通 TOD 范围内
城市更新项目开发实施办法》，将 TOD 规划片区延伸至城市更新领域，囊
括旧厂房、旧村庄等各类用地[①]，同时创新采取物业分成替代收缴土地价
款的方式落实政府收益，探索提出多种 TOD 范围内城市更新项目利益共享
机制。

　　2022 年 9 月，东莞市委副书记、市长吕成蹊主持召开市政府常务会
议，审议通过了《关于进一步完善轨道交通建设和轨道资源开发双向反哺
机制全力推动轨道交通高质量发展的实施意见》（东府〔2022〕57 号）。

　　至此，东莞市建立起较完整的 TOD 综合开发政策体系，对轨道交通
TOD 的规划管控、土地储备、综合开发以及相应的审批管理流程都进行了
详细规定，为轨道交通建设和 TOD 综合开发提供了可靠的政策依据和法
律、制度保障（图 38）。

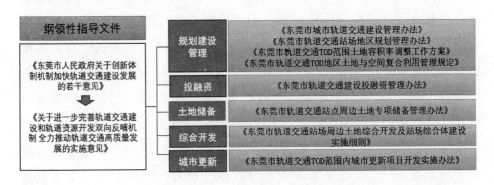

图 38：东莞市轨道交通规划建设运营政策体系

（2）东莞城市轨道交通 TOD 政策要点

　　与 2022 版相比，2023 版东莞市城市轨道交通 TOD 政策指数综合得分
保持不变，在 46 个样本城市中仍排名第二，仅次于成都。用地保障、综合
开发、理念规划、审批协调、市场应用五个分项指标上均排名前列，表现突

---

　　① 东莞：TOD 造城，商业魔幻进化 ［EB/OL］. 赢商网，2021-06-18.

出。2022 年，东莞新出台了《关于进一步完善轨道交通建设和轨道资源开发双向反哺机制全力推动轨道交通高质量发展的实施意见》（东府〔2022〕57 号）。这一新政策进一步完善了东莞的轨道交通 TOD 政策体系。

①用地保障相关政策

土地储备（5 分）：为了保证轨道交通 TOD 综合开发的顺利推进，东莞市出台了强力的土地储备政策以实现站点周边土地的提前管控。东莞市 2018 年出台的《轨道交通站点周边土地专项储备管理办法》（东府〔2018〕29 号）明确将城际轨道交通站点周边 800 米半径、城市轨道交通站点周边 500 米半径范围内的土地纳入土地储备的范围。同时，为了切实保障土地的供给，上述办法还规定，在轨道交通站点周边土地专项储备范围内，在以已审批通过的 TOD 综合开发规划为依据，编制（调整）片区控制性详细规划依程序批准之前，除已在市规划部门办理了《建设用地规划批准书》或地块总平面图方案审查手续的在建工程外，其他新建、改建、扩建工程项目一律停止审批。这一政策的颁布对于实现土地的控制和储备，落实 TOD 规划审批及沿线用地指标提供了制度保障。

《关于创新体制机制加快轨道交通建设发展的若干意见》（东府〔2018〕26 号）还提出"对与 TOD 地区控制性详细规划有严重冲突的项目，已办理用地批准的，可根据法定程序收回土地使用权，并对原土地使用权人给予适当方式补偿"。

2022 年出台的《关于进一步完善轨道交通建设和轨道资源开发双向反哺机制全力推动轨道交通高质量发展的实施意见》（东府〔2022〕57 号）进一步强调了"着力推进轨道交通场站周边土地资源收储整备"，并根据东莞的土地所有权结构提出了轨道站场的"市级主导、市镇联合、镇街主导"三种土地收储模式，以提升 TOD 地区土地收储整备工作效率。上述实施意见还提出健全"基础补偿+增值共享"的机制，对土地及地上建（构）筑物、附着物给予公平合理补偿，以增值共享等方式实现利益共享。这一利益分享机制有助于各方达成共识，更快推动 TOD 地区内的土地收储工作。

（2）综合开发相关政策

站点分级分类（4分）：《东莞市轨道交通站场 TOD 与 TID 规划研究技术指引（试行）》（东轨道办〔2018〕102号）将东莞市的 TOD 站点划分为四种类型、三个级别，并通过交通特征和功能特征对分级分类的标准进行了界定（表27），同时提出要对轨道交通站点进行 TID 一体化设计。

表27：东莞市 TOD 站点分级分类表

站点 （四种类型、三个级别）		交通特征	功能特征
枢纽型		综合枢纽站 对外交通门户	周边将依托成为城市中心或次中心
城市型	市域级	综合枢纽站/交通接驳站/片区接驳站	市域级商业就业中心
	片区级	交通接驳站/片区接驳站	片区级商业就业中心
	镇区级	交通接驳站/片区接驳站	镇区级商业就业中心
社区型		一般站	居住及配套服务为主，亦可扩展至服务周边产业区
特殊型 （行政中心、文教、科研、康体旅游、规模化工业园区）		一般站	功能以用地要求具有一定特殊性的功能为主导

资料来源：《东莞市轨道交通站场 TOD 与 TID 规划研究技术指引（试行）》（东轨道办〔2018〕102号）。

容积率（5分）：《东莞市 TOD 范围土地与空间复合利用管理规定（试行）》提出在 TOD 核心区和 TOD 控制区可以进一步提高建筑密度的绝对值（表28），当建筑首层部分空间或裙楼屋顶作为城市公共空间使用时，建筑密度可按照公共空间面积占净用地面积的比例进一步提高，最高不超过20%。

表 28：东莞市 TOD 站点容积率政策

类型	容积率政策规定
TOD 核心区	在《东莞市城市规划管理技术规定》的基础建筑密度上，绝对值可进一步提高 10%～20%
TOD 控制区	在《东莞市城市规划管理技术规定》的基础建筑密度上，绝对值可进一步提高 0～10%

2022 年的《关于进一步完善轨道交通建设和轨道资源开发双向反哺机制全力推动轨道交通高质量发展的实施意见》（东府〔2022〕57 号）则进一步提出"实施 TOD 范围内已出让经营性用地容积率调整工作，在不新增用地规模和指标的情况下，鼓励通过提高容积率，实现政府与开发企业利益共享"，以挖掘 TOD 地区低效用地的开发潜力。

立体开发（4 分）：2018 年《关于创新体制机制加快轨道交通建设发展的若干意见》初步提出，轨道交通地下空间实行竖向分层立体综合开发、横向相关空间互相连通、地下交通与地下商城整合布设、地面建筑与地下工程协调配合的综合利用方式。2020 年发布的《东莞市轨道交通 TOD 地区土地与空间复合利用管理规定》进一步确定了 TOD 范围内地下空间开发的分层利用原则，划定了不同深度下土地使用功能策略。2022 年《关于进一步完善轨道交通建设和轨道资源开发双向反哺机制全力推动轨道交通高质量发展的实施意见》也提出"分层设立建设用地使用权，打造集约高效的城市空间"。

③规划理念相关政策

理念认知（4 分）：2018 年《东莞市人民政府关于创新体制机制加快轨道交通建设发展的若干意见》提出要充分认识轨道交通建设的重要意义，要强化"建设轨道交通就是建设城市、发展轨道交通就是经营城市、运营轨道交通就是改善民生"的思想意识，要"大力实施公共交通导向型开发模式，统筹城市布局和配套设施建设，推进土地集约利用和综合开发，有效发挥轨道交通引导城市功能优化作用"。轨道交通及 TOD 开发被视为优化城市功能、提升城市品质、促进区域协调发展的重要手段。2022年《关于进一步完善轨道交通建设和轨道资源开发双向反哺机制全力推动轨道交通高质量发展的实施意见》也明确要"践行新发展理念，以轨道交通建设推动东莞高质量大发展"，"利用轨道资源开发促进更多人流、物流、资金流、信息流沿轨道站场周边集聚，进一步辐射带动区域发展，促进轨道交通和城市功能的良性互动"。

规划融合（4分）：相比 2018 年《东莞市人民政府关于创新体制机制加快轨道交通建设发展的若干意见》中"加大轨道交通建设规划管理力度"的提法，2022 年《关于进一步完善轨道交通建设和轨道资源开发双向反哺机制全力推动轨道交通高质量发展的实施意见》中提出"着力推进轨道交通与城市规划融合发展"，这说明东莞市政府更加重视不同类型规划的协调融合。具体来看，2022 年《关于进一步完善轨道交通建设和轨道资源开发双向反哺机制全力推动轨道交通高质量发展的实施意见》提出"加强轨道交通规划与国土空间规划的协调互动"，"结合轨道交通规划线路方案，组织开展新一轮轨道站场 TOD 综合开发策略研究及新增稳定轨道站场 TOD 综合开发规划编制"，"明确 TOD 综合开发规模作为控制性详细规划编制（调整）的重要依据"，"创新轨道站场与 TID 用地开发融合发展理念"等。这就将轨道交通线网规划、轨道交通建设规划、TOD（TID）规划以及城市规划进行了紧密融合（图39），能够更好地指导 TOD 综合开发工作的实施。

政策体系完善（5分）：如前所述，东莞已经建立起 1+N+细则的轨道交通 TOD 政策体系，为东莞轨道交通 TOD 综合开发工作的推进奠定了政策基础。

④审批协调相关政策

领导小组（5分）：东莞市成立了高级别领导任组长的轨道交通建设及 TOD 综合开发领导小组。2004 年东莞市成立了轨道交通建设工作领导小组，主要负责轨道交通建设的相关工作。随着 TOD 理念的深入发展，东莞市于 2017 年 4 月批复成立了市轨道交通建设及 TOD 开发领导小组，时任东莞市委副书记、市长梁维东任领导小组组长，由该领导小组统筹协调轨道交通建设及 TOD 综合开发相关工作。2018 年发布的《东莞市人民政府关于创新体制机制加快轨道交通建设发展的若干意见》（东府〔2018〕26 号）进一步明确轨道交通建设及 TOD 开发领导小组由市长任组长（表29）。2022 年《关于进一步完善轨道交通建设和轨道资源开发双向反哺机制全力推动轨道交通高质量发展的实施意见》提出"强化市轨道交通建设及 TOD 开发领导小组的统筹领导作用，协调解决全市轨道交通投融资、规划建设、资源开发等重大问题"，上述领导小组的演进和转变为协调和保障东莞市轨道交通 TOD 发展奠定了强大基础。

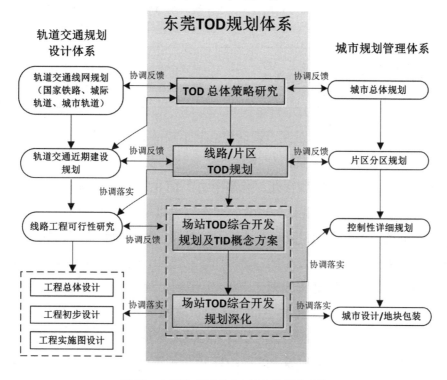

图 39：东莞市轨道站点 TOD 规划体系①

---

① 罗吉祥，李才，梁远航. 东莞市轨道交通 TOD 实践［C］//中国城市规划学会，成都市人民政府，面向高质量发展的空间治理——2020 中国城市规划年会论文集（06 城市交通规划），深圳市蕾奥规划设计咨询股份有限公司. 2021：818-827.

表 29：东莞市轨道交通 TOD 开发领导小组发展历程①

年份	组织及机构	主要职责
2004	轨道交通建设工作领导小组成立，办公室设在规划局	建设规划编制、预可行性研究、线路设计、申报立项等前期准备工作
2011	轨道交通建设工作领导小组下设独立办公室	——
2017	轨道交通建设及 TOD 开发领导小组及其办公室成立	统筹协调全市轨道交通及 TOD 的规划、建设、开发等各个阶段工作，负责协调解决全市轨道交通的投融资、规划建设、资源开发等重大问题
2018	组建东莞市轨道交通局	负责全市城市轨道规划、建设、运营管理及轨道站点 TOD 综合开发规划工作等

审批流程（4 分）：东莞市逐渐建立起了较灵活的 TOD 审批服务体系。2018 年《关于创新体制机制加快轨道交通建设发展的若干意见》提出要优化审批服务，按"特事特办、急事急办、简化手续、提高效率"原则，对涉及轨道交通规划、建设、运营、开发等审批事项，开辟绿色通道，实行并联审批、提前介入、限时办结等工作机制，为加速轨道交通建设开发创造良好条件。2020 年发布的《东莞市轨道交通 TOD 地区土地与空间复合利用管理规定》仍然提出对于 TOD 范围内，地铁站及区间、站场综合体、地下空间开发等公益性项目应视同市重大项目，享受审批"绿色通道"政策；对兼容经营性用途的项目，也按照审批"绿色通道"政策办理相关规划立项、施工报建等手续。2022 年《关于进一步完善轨道交通建设和轨道资源开发双向反哺机制全力推动轨道交通高质量发展的实施意见》

---

① 罗吉祥，李才，梁远航. 东莞市轨道交通 TOD 实践［C］//中国城市规划学会，成都市人民政府. 面向高质量发展的空间治理——2020 中国城市规划年会论文集（06 城市交通规划），深圳市蕾奥规划设计咨询股份有限公司. 2021：818-827.

提出"优化轨道交通建设报建报批路径，促进轨道交通项目与上盖综合开发同步设计及建设实施"，也为后续轨道交通建设及综合开发项目的审批工作优化奠定了基础。

⑤市场运用相关政策

参与主体及合作模式（均为 4 分）：东莞市轨道交通 TOD 综合开发政策对社会资本较友好，鼓励社会资本通过多种形式参与 TOD 项目。《东莞市轨道交通站场周边土地综合开发及站场综合体建设实施细则》将轨道交通站场区分为政府投资类、轨道交通建设运营单位投资类和社会投资类。其中，《实施细则》将具备较好开发条件的轨道交通站点或轨道交通车辆基地划分为社会投资类，并为社会资本参与项目投资提供了三种可选择的方式（表 30），鼓励社会资本的积极参与。

表 30：东莞市社会资本参与 TOD 综合开发项目投资的三种方式

类型	主要内容
方式一	在满足轨道交通建设时序的条件下，由社会投资主体一并投资建设轨道交通设施，承担投资开发成本
方式二	由社会投资主体统一建设，在初步设计概算阶段明确轨道设施部分和综合开发部分的投资分摊，并通过合理约定承担部分轨道设施建设费用
方式三	鼓励轨道交通建设运营单位与社会投资主体合作开发，通过合理约定收益分享方式实现其收益预期

2018 年 3 月，东莞市属国有企业实行了改革重组，以上关于不同主体间合作方式的规定在多大程度上还适用于新的主体可能有待政策进一步明确。

4. 东莞市 TOD 综合开发基本情况

虽然东莞市为了推进 TOD 建设出台了一系列政策，但实际上落地的 TOD 项目很少，以市属国企为主导实施的 TOD 综合开发项目更少，TOD 的落地实施路径仍在不断探索中。这主要是由以下原因导致的：

一是因为东莞市的相关政策主要是通过顶层设计的方式完成，但在具体推进步骤、各阶段实施细则、职能部门联动配合等方面仍有待加强。二是因为 TOD 范围内地块涉及集体土地、国有土地等多种用地类型，土地收储环节手续多、过程周期长、收储难度高，影响轨道周边地区土地经营水平和综合开发成效。三是早期轨道线路开展工程可行性研究时，未形成同步开展 TOD 规划和 TID 规划的机制，导致部分线路的 TOD 工作滞后于线路工程，轨道交通 TOD 综合开发利用不足。四是东莞市轨道交通财政投资模式的影响。东莞市轨道交通 2 号线采取了财政直投的模式，轨道交通建设资金来源已有明确保障，因此轨道公司没有动力去做 TOD 规划和开发。五是对于轨道交通 TOD 综合开发到底能否实现土地增值和溢价回收还并不十分明确。正如前文所述，东莞市轨道交通站间距过大，客流量低，居民出行主要依赖公路和小汽车出行，因此从需求侧来看，当地居民对轨道交通站点周边的住房需求度较低；此外东莞市位于广深之间，深受两大一线城市虹吸效应的影响，临深、临穗片区发展较好，轨道交通建设能否将需求凝聚到站点周边也尚不明确。六是城际轨道交通对城市轨道交通开发潜力的影响。在粤港澳大湾区背景下，要加强城际间轨道交通的互联互通。东莞市作为广州和深圳两个一线城市间的城市，有大量的城际轨道交通线从东莞市穿行。目前，虽然东莞市的城市轨道只有 37.8 公里，但城际轨道交通里程已超 120 公里。而且，城际铁路的修建模式类似于地铁，一方面，城际铁路在东莞市是每镇设一站，另一方面，由于东莞市的高土地开发强度，城际铁路也基本都是从地下穿行。因此，城际铁路与东莞市地铁形成实际上的竞争关系，削弱了以地铁为导向的综合开发的潜力。

在 2018 年 3 月以前，东莞市主要由东莞实业投资控股集团有限公司（以下简称"东实集团"）来进行"以地筹资"，作为轨道交通建设的投融资主体，进行轨道站场 TOD 综合开发。2018 年 3 月，东莞市属国有企业实行了改革重组。重组后，东莞轨道交通基础设施投资建设运营管理业务板块整合至东莞市交通投资集团有限公司。新的东莞市交通投资集团有限公司定位为"全市交通一体化建设运营及交通运输等相关产业投资的综合性集团"。在此定位下，交投集团作为轨道交通投融资主体，负责 TOD 综合开发规划并着重开发 TID 地块。当前，东莞市政府明确提及的要建成的 TOD 及 TID 项目包括，虎门高铁站、东莞火车站、常平火车站、东莞西站、东莞南站、滨海湾站等 TOD 综合开发项目，以及东莞东站、黄江北站、道滘车辆段、黄江停车场等 TID 项目。

以下将对上述部分重点项目进行介绍，同时根据开发主体的不同将其划分为社会资本主导型 TOD 项目和东莞市属国企（也是轨道交通建设投融资主体）主导 TOD 项目。

（1）社会资本主导型 TOD 项目

虎门火车站 TOD 综合开发项目（保利时区）。2019 年完成项目的 TOD 规划和控制性详细规划，2020 年完成地块包装，同年地块出让。虎门火车站是广深港高铁、穗深城际轨道和地铁 2 号线的换乘站点。项目占地 19.9 公顷，由 9 个地块组成，最高容积率 7.5，建筑限高 240 米。总建面 105.7 万平方米，商业占比 9%，办公 31%，酒店＋公寓占比 31%，居住占比 29%。①

东莞火车站 TID（龙湖金地天曜城）。2018 年完成项目的城市设计和控制性详细规划，2020 年南侧地块出让。东莞火车站是广深城际铁路，与地铁 2 号线的换乘站点。开发三层地下空间，地下二层与 2 号线轨道站相连，地上三层与城际铁路站点相接。项目占地 13.9 公顷，由 4 个地块组成，最高容积率 5.1，最高塔楼为 108 米。总建面 44.3 万平方米，商业占比 39%，居住占比 61%。

滨海湾站 TID。滨海湾站 TID 项目位于沙角半岛，是滨海湾新区沙角半岛城市中心开发建设的核心项目。未来预计有 5 条轨道交通汇集于此，分别是深茂铁路（高铁）、中南虎城际、东莞地铁 2 号线（延长线）、东莞地铁 9 号线、广州地铁 22 号线延长线。2020 年 6 月 24 日，华润置地城市更新（深圳）有限公司中标深茂铁路及滨海湾站 TID 拆迁安置综合服务

---

① 好快！东莞这 15 个正儿八经的 TID 综合体，就在身边！［EB/OL］．［2023-08-18］．http://news.szhome.com/373149.html.

项目。

黄江北站 TID（保利未来时区花园、北岸时区花园）。位于黄江镇北岸村，在建 1 号线地铁黄江北站旁。项目占地 7.3 公顷、最高容积率 5.0，建筑限高 180 米。2020 年完成项目的地块包装规划，2021 年地块出让。轨道站融入地块内部，与地块建筑同步建设，计划 2023 年建成。项目总建面 34.6 万平方米，商业占比 28%，办公 15%，居住 57%。

（2）东莞市属国企主导开发的 TOD 项目

道滘车辆段综合开发项目。项目毗邻 1 号线道滘站。项目规划总用地面积 35.42 万平方米，规划总建筑面积约 77.2 万平方米，拟通过构筑人工上盖平台进行综合开发，首层盖板面积约 17.22 万平方米。2021 年启动项目的城市设计和导则编制。

黄江停车场综合开发项目。项目位于地铁 1 号线（在建中）黄江中心站周边，为地铁 1 号线（在建）和 15 号线（远期规划）的地铁停车场。项目规划总占地面积约 35.87 万平方米，规划总建筑面积约 106.03 万平方米，拟通过构筑人工上盖平台进行综合开发，首层盖板面积约 17.94 万平方米。项目概念方于 2021 年通过专家评审会。

轨道 1 号线大朗西站 TID 项目。交投置业公司通过参与公开招拍挂于 2022 年 12 月 19 日竞得项目地块。该项目位于东莞市大朗镇，总用地面积 4.19 万平方米（其中 3.95 万平方米可进行地上开发），容积率 4.24，总计容建筑面积 16.74 万平方米，总投资额约 36 亿元，目前正开展开发前期工作。大朗西站 TID 项目位于佛子凹村松佛路，东至北榕路，南至松佛路，西至畅园路，北至规划 12 米路，位于 1 号线大朗西站 TOD 范围，用地面积约 3.72 万平方米，计容建面约 22.34 万平方米。

（四）佛山市

1. 背景

佛山地处珠江三角洲腹地，东倚广州，毗邻深圳、香港、澳门，是中国重要的制造业基地，粤港澳大湾区重要节点城市、珠三角地区西翼经贸中心和综合交通枢纽，与广州共同构成"广佛都市圈"，在广东省经济发展中处于领先地位。根据《2020 城市商业魅力排行榜》，佛山市跻身于"新一线城市"。

佛山市是珠江西岸先进装备制造产业带的龙头城市，也是珠江西岸的交通枢纽门户。佛山与广州构成的广佛都市圈，以及深圳都市圈，将成为粤港澳大湾区两大都市圈。"广佛一小时都市圈"将通过城市轨道衔接来实现，轨道交通网将成为广佛重要生产要素流通渠道。随着"广佛同城"逐步成熟，"广州上班、佛山居住"已成为一种常态，大运量、快捷的轨道交通成为重要通勤工具。随着大湾区规划推进、佛山市经济发展与常住人口增长，佛山市经营性用地需求旺盛。但佛山市开发程度接近40%，可建设用地稀缺、产业用地紧张，土地资源紧缺成为佛山市经济发展的关键制约因素。佛山市发展由外延式发展转向内涵提升，未来中心城区城市更新、村级工业园整治提升以及统筹推进重点 TOD 项目，将成为佛山市城市发展重要抓手。在此背景下，城市轨道交通 TOD 综合开发的推进，是佛山市城市空间发展和产业结构转型升级的重要抓手、轨道交通建设资金的重要保障。

2. 佛山市城市轨道交通发展建设基本情况

佛山轨道交通一期工程于 2010 年 11 月开通运营，随着广佛同城化的不断深入，近年来客流增长迅猛。而佛山城市轨道交通通达度和连通性的提升，是 2022 年客流量、进站量同比大幅增长的主要原因。佛山作为人口大市，常住人口约 1000 万人，轨道交通客运量正持续飙升。2022 年，得益于广州地铁 7 号线西延顺德段、南海有轨电车 1 号线后通段、佛山地铁 3 号线相继开通运营，佛山新增城市轨道交通运营里程数超 57 公里（表 31），佛山地铁迈入"连线成网"的时代。

表 31：2022 年佛山市轨道交通进展

线路	沿线主要站点	进展
广佛线	龙溪、金融高新区、千灯湖、祖庙、世纪莲	运营中

续表

线路	沿线主要站点	进展
佛山 2 号线	广州南站、登州、石湾、绿岛湖、南庄、西樵	一期运营中、二期 2022 年 12 月动工
佛山 3 号线	狮山、桂城、电视塔、北滘新城、大良	普通段 2022 年底试运行
佛山 4 号线	三水医院、狮山、绿岛湖、季华园、港口路	一期 2022 年动工
佛山 11 号线	广钢新城、三山新城、陈村、顺德站	2022 年动工
广州 7 号线顺德段	陈村、林头、北滘新城	2022 年第一季度开通运营
南海有轨电车 1 号线	广州南站、林岳西、礌岗	运营中
广佛环线	狮山、罗村、佛山新城、北滘	南环段进入竣工验收段 西环线 2022 年 9 月动工
里水有轨电车	洵峰岗、丽湖新城、洲村、里恒路	2023 年建成通车
广州 28 号线	琶洲、芳村、穗盐西路	建设期为 2022—2027 年

资料来源：《佛山市轨道交通发展"十四五"规划》。

2022 年底，佛山的轨道交通运行线路有 6 条，总里程达 154.7 公里，轨道交通初步成网，规划 2030 年佛山轨道交通基本成网①。《佛山市轨道交通发展"十四五"规划》提出，推进城际轨道与城市轨道站点互联互通改造方案研究，推进网络互联互通。结合粤港澳大湾区城际铁路的建设及运营模式发展趋势要求，推动佛肇城际和在建广佛环城际（佛山西站—广州南站）等城际线路与城市轨道交通站点付费区换乘改造工程方案研究，做好规划佛山经广州至东莞城际、广佛江珠城际与城市轨道交通的运营一体化服务预留工程。

3. 佛山市城市轨道交通 TOD 综合开发政策体系及其特征

（1）佛山市城市轨道交通 TOD 综合开发政策演变

2016 年 4 月，《佛山市"十三五"交通发展规划》提出，从宏观、中观、微观三个层面推进更可落实的 TOD 战略，支撑"强中心、多组团"城市空间结构，轨道站点 500 米覆盖建设用地比例全市域达 3%，中心城区 14%，副中心 6%，五组团 1%。轨道站点 500 米覆盖人口岗位比例中心城区 30%，副中心 15%，五组团 12%。围绕轨道枢纽实施 TOD 集聚开发，实施轨道沿线珠链式综合开发，通过 TOD 开发引导用地集约发展，加强慢行与轨道交通一体化衔接设计，通过慢行通道广泛连接轨道站点与周边建筑，形成"轨道+慢行"一体化系统。

2016 年 6 月，《佛山市人民政府办公室关于印发佛山市地下空间开发利用管理试行办法》（佛府办〔2016〕30 号）提出，经营性项目的地下建设用地使用权出让金应符合分层利用、区别用途的原则。以划拨方式取得地下建设用地使用权的，依法办理无偿划拨；以协议方式取得地下建设用地使用权的，土地出让及土地租金按《佛山市国有建设用地土地出让金及租金计收标准》执行；以招标、拍卖、挂牌方式出让的地下建设用地使用权按《招标拍卖挂牌出让国有建设用地使用权规定》（国土资源部令第 11

---

① 铁路 TOD 综合开发·佛山市 TOD 发展专题. 宏观经济、规划、交通、市场、政策及机制分析［EB/OL］.［2020-07-10］https：//mp.weixin.qq.com/s？_ _ biz＝MzI4NzY4NTk1Ng＝＝&mid＝2247485490&idx＝1&sn＝525be5ee793b13405ae57 e022dfd1c04&chksm＝ebc8a419dcbf2 d0f57251e09215d6899d73f52676768fca98bfd66c229e9a 7e545a4f99ef79f&cur_ album_ id=1630748296820424704&scene=190#rd

号）执行。对已批准划拨的地下建设用地使用权及其建筑物，在转让或改变用途时，凡不符合《划拨用地目录》的，经审批同意后可按规定补办土地出让手续，并补缴土地出让金。

2018 年 5 月，《佛山市"十三五"城市近期建设规划（2016—2020年）》提出，依托顺德学院站进行 TOD 综合开发，打造富有滨水特色的宜居生态新城。落实推进 TOD 发展战略，促进土地集约利用，引导"公交+慢行"绿色交通出行，中心城区"一老三新"和外围各区新城等重点发展区均应围绕轨道枢纽进行 TOD 集聚开发建设。

2021 年 6 月，《佛山市轨道交通场站及周边土地综合开发实施办法（试行）》提出，轨道交通场站及周边土地综合开发用地范围包括以轨道交通场站中心为半径约 800 米的范围。结合综合开发方案以及土地利用现状、权属人开发意向、土地收储成本等，合理确定规划范围内具备开发潜力和储备条件的用地。轨道交通场站及周边综合开发用地应当纳入土地储备计划管理。利用轨道交通项目红线内的地上、地下空间土地资源进行综合开发的，应当与轨道交通项目"同步规划、同步设计、同步实施"。

2021 年 11 月，《佛山市城市轨道交通管理条例（草案）》规定，市人民政府设立轨道交通发展专项资金，用于保障城市轨道交通建设投入和弥补运营亏损。综合开发用地由市人民政府重新核准规划条件后，采取招标、拍卖、挂牌等方式出让土地使用权；经市人民政府批准，可以按照规定采用作价出资等方式由城市轨道交通经营单位实施综合开发。

2022 年 3 月，《佛山市轨道交通发展"十四五"规划》提出，以轨道交通引导城市规划，实现多层次一体化轨道交通网络，重点推进站点周边综合开发，促进城市高质量发展。

（2）佛山市城市轨道交通 TOD 政策要点

2023 版，佛山市轨道交通 TOD 政策指数得分为 1.90，排名第 16 位，与 2022 版相比没有发生变化。2022 年佛山出台了《佛山市轨道交通发展"十四五"规划》，提出以轨道交通引导城市规划，实现多层次一体化轨道交通网络，重点推进站点周边综合开发，促进城市高质量发展。在佛山已出台的一系列政策中，其在土地优惠方面较突出，在理念认知、站点分级分类方面有相对较为明确的政策，但在审批流程、领导小组、合作主体、合作模式方面则支持力度较小。

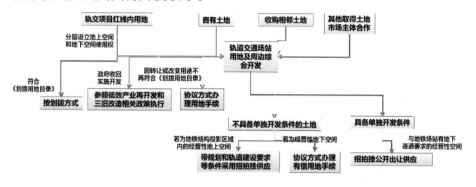

图 40：佛山市城轨 TOD 供地方式①

①用地保障相关政策

土地储备（2 分）：佛山市明确提出城市轨道交通 TOD 土地收储，明确范围。《佛山市轨道交通场站及周边土地综合开发实施办法（试行）的通知》提出，轨道交通场站及周边综合开发用地应当纳入土地储备计划管理。综合开发总体策略研究应当作为编制年度土地储备计划的重要依据，市自然资源局依据综合开发总体策略研究及综合开发规划划定土地储备范围。应将综合开发的规划要求和轨道交通建设要求一并纳入土地供应的前提条件。《佛山市轨道交通发展"十四五"规划》提出，加强轨道交通站点周边 800 米范围土地管理控制及收储。佛山市城轨 TOD 供地方式如图 40 所示。

土地优惠（4 分）：佛山市城市轨道交通 TOD 建设相关土地可作价出资，并可用于转让、出租、抵押和其他经济活动。2007 年 10 月《佛山市轨道交通专项资金管理办法的通知》提出，轨道交通专项资金的来源主要

① 资料来源：广州同创卓越. 广佛都市圈视角下佛山轨道 TOD 综合开发土地利用实施办法解析［EB/OL］. https：//mp. weixin. qq. com/s/_ EL5zQvmOh6tV8HK－W4OLQ. 2023.

包括市财政补助资金、省补助的专项资金、各区财政筹集安排的资金、轨道交通建设项目沿线政府资源性收益（含地铁沿线上盖物业收益）、国内银行和非银行金融机构的融资、其他来源等。轨道交通专项资金筹集的方式主要包括：市政府按一定比例给予轨道交通建设项目补助的专项资金列入同级政府财政预算，按轨道交通建设项目资本金出资比例由有关区政府负责筹集和负担的专项资金列入有关区政府财政预算，省财政补助的专项拨款资金按省的规定纳入轨道交通建设项目沿线政府资源性收益、转入设立的轨道交通专项资金专户，以融资方式筹集的资金由轨道公司作为贷款主体向国内银行和非银行金融机构贷款解决，其他来源渠道筹集的资金按有关规定办理。轨道交通专项资金按轨道交通建设项目资金划付比例分别由市、区财政局直接划拨给轨道公司。《佛山市城市轨道交通管理条例（草案）》提出，采取招标、拍卖、挂牌等方式出让土地使用权；经市人民政府批准，可以按照规定采用作价出资等方式由城市轨道交通经营单位实施综合开发。

②综合开发相关政策

分级分类（3 分）：佛山市提出城市轨道交通 TOD 分级分类，笼统概述站点分级分类标准。

容积率（2 分）：佛山市根据城市一体化设计方案合理设定不同类型的 TOD 容积率水平，容积率可在 2.1~4.4 范围内根据不同类型的 TOD 确定容积率水平，高于国家标准。

立体开发（2 分）：佛山市提出城市轨道交通 TOD 分层开发、分层确权登记。《佛山市人民政府办公室关于印发佛山市地下空间开发利用管理试行办法的通知》提出，地下空间的开发、利用和管理应当遵循保护资源、规划统筹、综合开发、合理利用的原则。优先发展城市基础设施和公共服务设施，鼓励竖向分层立体综合开发和横向相关空间连通开发，并应当兼顾人民防空的需要，兼顾比例不应低于地下空间开发总建筑面积的40%。《佛山市轨道交通场站及周边土地综合开发实施办法（试行）的通知》提出，在优先满足交通功能的基础上，充分挖潜地上、地下空间，通过复合设计、立体开发、功能融合的手段提升轨道交通场站综合体项目的城市综合服务功能。

③理念规划相关政策

理念认知（3分）：佛山明确提出"轨道交通+土地物业"综合开发模式，如《佛山市"十三五"城市近期建设规划（2016—2020年）》明确提出要落实 TOD 发展战略，促进引导"公交+慢行"绿色交通出行。2021年6月《佛山市轨道交通场站及周边土地综合开发实施办法（试行）的通知》提出，为优化城市功能布局，提高佛山市轨道交通场站周边土地综合开发收益，建立土地综合开发收益，反哺轨道交通建设发展机制，促进土地资源的集约利用。根据《佛山市轨道交通场站及周边土地综合开发利用实施办法（试行）》，积极推动各区开展站点 TOD 综合开发规划，结合轨道交通建设进展，推进 TOD 项目的建设实施。《佛山市轨道交通发展"十四五"规划》提出，推动轨道站点周边综合开发，积极推动各区开展站点 TOD 综合开发规划，结合轨道交通建设进展，推进 TOD 项目的建设实施。

规划融合（2分）：佛山将轨道交通规划纳入城市国土空间规划，据此在2021年编制、出台了《佛山市人民政府办公室关于印发佛山市轨道交通场站及周边土地综合开发实施办法（试行）》提出综合开发规划是场站综合体概念方案、控制性详细规划编制（调整）的重要依据。为有效衔接综合开发规划与控制性详细规划，二者可同步编制。《佛山市城市轨道交通管理条例（草案）》提出，轨道交通场站及周边土地需要进行综合开发的，应当在开发前依据目的、内容、时序的不同，依次编制综合开发总体策略研究、综合开发规划方案和综合体概念方案。综合开发应当与城市轨道交通工程同步规划、同步设计，结构不可分割、工程必须统一实施的项目应当与城市轨道交通工程同步建设。

体系完善（2分）：佛山市有 TOD 综合开发相关实施意见等框架性文件。佛山市轨道交通局牵头市自然资源局、财政局、司法局以及市铁投集团成立"轨道交通政策研究专责小组"，负责制定出台《佛山市人民政府关于进一步加快轨道交通建设发展的意见》《佛山市城市轨道交通建设管理办法》《佛山市城市轨道交通发展专项资金管理办法》《佛山市城市轨道交通站场及周边土地综合开发利用实施办法》（统称"1+3"政策文件）。"1+3"系列政策措施及相关规范性文件涵盖了佛山市轨道交通发展的目标、实施路径及各项保障措施、规范城市轨道交通建设管理行为、创新城市轨道交通发展专项资金保障体制机制、推动城市轨道交通站场及周边土地综合开发利用等重点内容。

④审批协调相关政策

审批流程（1分）：佛山市没有为城市轨道交通 TOD 项目设置便捷化的审批流程，只规定了各类规划方案的审批单位。其中，综合开发总体策略由市轨道交通局组织专家评审，并报送市政府批复，综合开发规划方案由市自然资源部门组织专家评审并报市轨道交通项目指挥部。综合体概念方案包括车辆段、停车场、控制中心等由市属轨道交通投资建设主体报送市指挥部审查，其余站点由区组织审查，报市指挥部备案。

领导小组（1分）：佛山市仅有城市轨道交通工程建设指挥部，无TOD 综合开发的相关领导小组。为督促、指导和推进佛山城市轨道交通建设工作，确保各项工作高效落实，2014 年佛山市人民政府决定成立佛山市城市轨道交通工程建设指挥部。

⑤市场应用相关政策

参与主体（1分）：佛山市无明确关于多方主体参与鼓励的相关规定，仅提出"鼓励市、区采用合作开发模式推进轨道交通场站及周边土地综合开发"。

合作模式（1分）：佛山市没有明确提及 TOD 参与主体间的合作模式。

表 32：佛山市轨道交通 TOD 核心政策列表

指标	具体规定	政策来源
用地保障	土地储备：（1）轨道交通场站及周边综合开发用地应当纳入土地储备计划管理。综合开发总体策略研究应当作为编制年度土地储备计划的重要依据，市自然资源局依据综合开发总体策略研究及综合开发规划划定土地储备范围。（2）停车场、车辆段、控制中心等设施综合开发土地由市纳入年度储备计划，除市收储用地以外，综合开发范围内土地按照属地管理原则由各区征收后移交佛山市土地储备中心。（3）加强轨道交通站点周边 800 米范围土地管理控制及收储	《佛山市轨道交通场站及周边土地综合开发实施办法（试行）》《佛山市轨道交通发展"十四五"规划》
	土地优惠：（1）与轨道交通场站有连通要求的经营性地上、地下空间原则上以招拍挂方式公开出让。其中，对于不具备单独规划建设条件的经营性地上空间，可将统一联建的轨道交通场站、线路工程及相关规划条件、轨道交通建设要求作为取得土地的前提条件，采用招标拍卖挂牌方式供应；对于不具备单独规划建设条件的经营性地下空间，可探索协议方式供应。（2）综合开发用地经市人民政府批准，可以按照规定采用作价出资等方式由城市轨道交通经营单位实施综合开发。（3）符合《划拨用地目录》的非经营性地上、地下空间，按行政划拨方式供地。	《佛山市轨道交通场站及周边土地综合开发实施办法（试行）》《佛山市城市轨道交通管理条例（草案）》
综合开发	立体开发：（1）允许分层设立建设用地使用权，在符合规划和轨道设施安全需求的前提下，可兼容一定比例其他功能。（2）通过复合设计、立体开发、功能融合的手段提升轨道交通场站综合体项目的城市综合服务功能	《佛山市轨道交通场站及周边土地综合开发实施办法（试行）》

续表

指标	具体规定	政策来源
理念规划	理念认知：（1）从宏观、中观、微观三层面推进更为落实的 TOD 战略，支撑"强中心、多组团"城市空间结构，促进土地集约利用，引导"公交+慢行"绿色交通出行。（2）中心城区"一老三新"和外围各区新城等重点发展区均应围绕轨道枢纽进行 TOD 集聚开发建设。提高轨道交通场站周边土地综合开发收益，建立土地综合开发收益反哺轨道交通建设发展机制	《佛山市"十三五"交通发展规划》《佛山市"十三五"城市近期建设规划（2016—2020年）》《佛山市轨道交通场站及周边土地综合开发实施办法（试行）》
	规划融合：综合体概念方案必须与控制性详细规划编制（调整）做好衔接。综合开发应当与城市轨道交通工程同步规划、同步设计，结构不可分割、工程必须统一实施的项目应当与城市轨道交通工程同步建设。	《佛山市轨道交通场站及周边土地综合开发实施办法》佛山市轨道交通场站及周边土地综合开发实施办法（试行）》《佛山市城市轨道交通管理条例（草案）》
	体系完善："1+3"政策文件，《佛山市人民政府关于进一步加快轨道交通建设发展的意见》《佛山市城市轨道交通建设管理办法》《佛山市城市轨道交通发展专项资金管理办法》《佛山市城市轨道交通站场及周边土地综合开发利用实施办法》	——

4. 佛山市城市轨道交通 TOD 综合开发基本情况

轨道交通网建设及 TOD 开发，正深刻改变佛山城市发展格局。"广佛一小时都市圈"将通过城市轨道衔接来实现。轨道交通网将成为广佛重要生产要素流通渠道，在广佛都市圈发展格局下，佛山市轨道交通 TOD 地块综合开发实行"线跟地走，人跟线走"发展战略，引导用地开发、人口向轨道场站周边集聚，形成以公共交通为主导的发展模式，实现土地的高效利用、城市发展空间和产业结构的转型。同时，佛山制造业基础坚实，近年来产业升级亟须高质量人才。更便捷的交通将有效促进外围区域优质人口的流入，有助于进一步优化产业布局，从而提升沿线产业结构，为片区城市面貌提升、第三产业发展带来更多机会。佛山市的轨道交通土地综合开发，规划理念注重"交通+城市"复合功能引导，从而实现 TOD 综合开发引导城市空间发展的导向作用。① 因此，佛山具有得天独厚的 TOD 发展优势，TOD 发展进展迅猛（表 33）。

表 33：佛山 TOD 项目一览表

区域	板块	项目名称	轨道线路
禅城	石湾	石湾广场	佛山地铁 2 号线
		湾华 TOD	佛山地铁 2 号线、佛山地铁 3 号线
	南庄	南庄 TOD	佛山地铁 2 号线
		湖涌 TOD	佛山地铁 2 号线
	绿岛湖	绿岛湖 TOD	佛山地铁 2 号线
	张槎	张槎 TOD	佛山地铁 2 号线、广佛线
南海	千灯湖	千灯湖 TOD	广佛线
	三山新城	林岳西 TOD	南海有轨电车、佛山地铁 2 号线
	北滘	美的大道 TOD	广州地铁 7 号线
		会展东站 TOD	佛山地铁 3 号线、广佛环线
顺德	陈村	陈村站 TOD	佛山地铁 2 号线
	佛山新城	新城东 TOD	广佛线
		东平 TOD	佛山地铁 3 号线、广佛线
	大良	大良钟楼 TOD	佛山地铁 3 号线
		驹荣北路 TOD	
	伦教	荔村工业区 TOD	

① TOD Horizons. 大湾区广佛都市圈格局下的佛山 TOD 综合开发［EB /OL］.［2021-04-02］. https：//mp. weixin. qq. com/s/lLp6ClSnsLByQQP2xVQKmg.

续表

区域	板块	项目名称	轨道线路
三水	三水新城	三水北站 TOD	广佛肇城际铁路

三、中国城市轨道交通 TOD 与城市更新

（一）城市更新的必要性与紧迫性

1. 城市更新是中国式现代化的重要载体

中国式现代化理念的提出对城市更新具有一定的导向作用，对城市更新的开展提出了多方位、高标准的严格要求。探究中国式现代化背景下的城市更新是未来推进城市建设高质量发展的关键举措①。改革开放以来，中国的城镇化发展成就巨大，1978—2022 年的 40 多年间，中国城镇化率从 17.92%增长到 65.22%，城镇人口从 1.72 亿增长到 9.14 亿，城镇人口增加超过 7.42 亿人，相当于欧洲的总人口规模。在这史无前例的快速城镇化进程中，我国不仅没有产生如拉美、南亚等地区城镇化普遍面临的贫民窟问题，相反抓住了城镇化的机遇，极大地提高了全社会的总体居住水平。但正是由于我国城镇化进程的"快速"，导致了"城市病"问题的累积发生。当下，我国既要努力化解快速城镇化累积的安全风险，又要实现高水平基数上的经济持续增长，还要满足人民群众日益增长的对美好生活的需要，而这些目标的实现，都需要通过城市的更新改善予以支撑。②

城市更新是党和国家对提升城市发展质量作出的重大决策部署，是推动城市高质量发展，构建新发展格局，转变城市建设方式和增长方式，满足人民群众美好生活需要的重要战略举措（表 34）。当前我国城市发展正

---

① 陆新亚，曹佳，芮华尧，等. 中国式现代化背景下城市更新与城市土地整理有效衔接的运作模式 [J]. 商业经济，2023（10）：37-39；71.
② 周岚，丁志刚. 面向真实社会需求的城市更新行动规划思考 [J]. 城市规划，2022，46（10）：39-45.

从"增量扩张"走向"存量优化"时代①。自 2020 年党的十九届五中全会明确提出"实施城市更新行动、推动城市高质量发展",到 2021 年"城市更新"被首次写入政府工作报告,2021 年 10 月国务院《2030 年前碳达峰行动方案》将"城市更新落实绿色低碳要求"列为国家碳达峰行动的重点任务,表明我国的城市更新工作已变得越发紧迫和重要②。2022 年《政府工作报告》更是将"有序推进城市更新"列入 2022 年的重点工作,并提出"再开工改造一批城镇老旧小区"。《中共中央关于制定国民经济和社会发展第十四个五年规划和二〇三五年远景目标的建议》明确提出"实施城市更新行动,推进城市生态修复、功能完善工程"。城市更新已成为"十四五"期间我国加快推进以人为核心的新型城镇化的必然战略选择。

城市作为一个复杂的巨型系统,前期开发建设受到各界关注,但后期的升级、维护与更新同样需要重视③。城市更新是一个不断完善"城市系统"的过程,更新与发展之间是共生、互动的关系,两者相互依存、相辅相成,推动城市内涵式发展与深度进化。④随着国际国内经济发展环境的变化和产业转型的需要,相当比例的低效工业用地需要再开发。同时,互联网经济的发展使传统办公空间、商贸空间出现了过剩,这些空间也需要进行功能转换和更新改造升级。此外,我国已建成的 5G 基站超 160 万座,终端连接数超 1.5 亿。数字经济的发展和未来社会的数字化转型,一方面需要城市空间和基础设施的支撑;另一方面其带来的线上线下空间的互动以及数字化智慧化的精准管理,将推动城市发展的升级和空间

---

① 尹维娜,古颖,石路.治理视角下长三角中心城市的城市更新路径——基于上海、杭州、南京、合肥等的实践观察 [J].城市规划学刊,2023 (03):85-91.
② 阳建强.走向更加综合、多元和系统的城市更新 [EB/OL].中小城市指数网.2022-06-28.
③ 吴冠岑,牛星,田伟利.我国特大型城市的城市更新机制探讨:全球城市经验比较与借鉴 [J].中国软科学,2016 (09):88-98.
④ 胡茜."十四五"时期我国推进城市更新的思路与举措 [J].中国房地产,2021 (07):48-55.

的更新。①

表 34：国家层面城市更新相关政策

时间	文件/会议名称	要点
2008 年 12 月	《国土资源部关于与广东省共同推进节约集约用地试点示范省建设工作的函》（国土资函〔2008〕816 号）	国土资源部和广东省政府经协商并报国务院同意，决定共同推进节约集约试点示范省建设，并将旧城镇、旧厂房、旧村庄改造作为推进试点示范省建设的一项重要任务
2016 年 11 月	《关于深入推进城镇低效用地再开发的指导意见（试行）》（国土资发〔2016〕147 号）	国土资源部对在总结广东"三旧"改造实践经验的基础上，从国家层面对城镇低效用地再开发进行的顶层设计和总体部署
2016 年 2 月	《中共中央、国务院关于进一步加强城市规划建设管理工作的若干意见》（中发〔2016〕6 号）	有序实施城市的修补和有机更新，解决老城区环境品质下降、空间秩序混乱、历史文化遗产损毁等问题，促进建筑物、街道立面、天际线、色彩和环境协调、优美
2017 年 3 月	《关于加强生态修复城市修补工作的指导意见》（建规〔2017〕59 号）	提出"城市双修"，通过对山体、水体、绿地系统等的修复和完善来修补城市的功能空间环境，补足城市短板
2018 年 9 月	《住房城乡建设部关于进一步加强城市既有建筑保留和更新改造的通知》（建城〔2018〕96 号）	加强既有建筑的保留利用和更新改造，要严格对既有建筑的拆除问题进行管控

---

① 周岚，丁志刚．面向真实社会需求的城市更新行动规划思考 [J]．城市规划，2022，46（10）：39-45．

续表

时间	文件/会议名称	要点
2019 年 12 月	2019 年中央经济工作会议	中央工作会议强调了"城市更新"这一概念。会议提出要加大城市困难群众住房保障工作,加强城市更新和存量住房改造提升,做好城镇老旧小区改造,大力发展租赁住房
2020 年 4 月	《住房和城乡建设部国家发展改革委关于进一步加强城市与建筑风貌管理的通知》(建科〔2020〕38 号)	为加强城市与建筑风貌的管理,对超大体量的公共建筑、超高层地标建筑、重点地段建筑进行严格管控,严格限制各地盲目规划建设超高层"摩天楼",推进历史建筑保护
2020 年 11 月	《中共中央关于制定国民经济和社会发展第十四个五年规划和二〇三五年远景目标的建议》	"实施城市更新行动"首次列入政府工作报告、"十四五"规划纲要,上升为国家战略
2021 年 8 月	《住房和城乡建设部关于在实施城市更新行动中防止大拆大建问题的通知》(建科〔2021〕63 号)	首次提出了"2255"这一城市更新的 4 项控制指标,即:城市更新单元(片区)或项目内拆除建筑面积不应大于现状总建筑面积的 20%;拆建比不应大于 2;居民就地、就近安置率不宜低于 50%;城市住房租金年度涨幅不超过 5%
2021 年 11 月	《住房和城乡建设部办公厅关于开展第一批城市更新试点工作的通知》(建办科函〔2021〕443 号)	公布第一批城市更新试点名单,共涉及 21 个城市(区),为期 2 年。重点开展探索城市更新统筹谋划机制、探索城市更新可持续模式、探索建立城市更新配套制度政策等工作
2022 年 11 月	《住房和城乡建设部办公厅关于印发实施城市更新行动可复制经验做法清单(第一批)的通知》(建办科函〔2022〕393 号)	住建部总结了试点城市经验,印发全国第一批实施城市更新行动可复制经验做法,从统筹谋划机制、可持续实施模式、创新配套支持政策三个方面筛选了 13 个省、市、自治区的 30 条经验向全国推广

续表

时间	文件/会议名称	要点
2023 年 7 月	《住房城乡建设部关于扎实有序推进城市更新工作的通知》（建科〔2023〕30 号）	对未来城市更新做出了长远的政策安排，指出要提高城市规划、建设、治理水平，推动城市高质量发展。文中指出，要坚持城市体检先行、发挥城市更新规划统筹作用、强化精细化城市设计引导、创新城市更新可持续实施模式、明确城市更新底线要求

　　在国家政策的紧密推动下（表34），已有越来越多的城市在城市更新制度的系统性创建方面展开了积极的探索。在新发展阶段推动实施城市更新行动，已得到国内各方面的广泛响应，成为各地方、各部门、各行业、各领域的共同行动。各地普遍把实施城市更新行动作为推动城市转型发展的重要抓手。一些地方注重探索建立城市设计管理制度，做优存量，提升城市品质。从 2021 年起，大量城市出台了城市更新政策，其中京津冀、长三角、珠三角、成渝等城市群的一、二线城市出台相关政策数量较多。据不完全统计，324 个市成立城市更新领导小组，出台城市更新条例 4 部、管理办法 69 个，印发城市更新省级指导文件 11 个、市级指导文件 188 个、相关支持政策 723 个（表35、表36）。2022 年，全国 571 个城市实施城市更新项目约 6.5 万个，总投资约 5.8 万亿元，涉及既有建筑改造、老旧小区改造、老旧街区改造、基础设施建设、公共服务设施补短板、城市生态修复、特色风貌塑造和新城建等多种类型。[①] 对地方来说，城市更新不只是城建工作，更是一项综合性、系统性的战略举措，很多地方将城市更新与拉动经济发展、提升社会治理水平有机结合，通盘考虑城市更新的经济效益、社会效益，协同联动推动。在实施中，各地坚持"先体检、后更新"，将城市体检评估作为城市更新的前提和依据，通过城市体检评估，确定城市更新的重点。

---

① 杨保军. 什么是好的城市更新［EB／OL］. 中国新闻周刊，2023-07-03.

表35：地方层面城市更新相关政策

城市	时间	文件名称	更新目标
北京	2022 年	《北京市城市更新条例》	以新时代首都发展为统领推动城市更新，加强"四个中心"功能建设，提高"四个服务"水平，优化城市功能和空间布局，改善人居环境，加强历史文化保护传承，激发城市活力，促进城市高质量发展，建设国际一流的和谐宜居之都
上海	2021 年	《上海市城市更新条例》	践行"人民城市"重要理念，弘扬城市精神品格，推动城市更新，提升城市能级，创造高品质生活，传承历史文脉，提高城市竞争力，增强城市软实力，建设具有世界影响力的社会主义现代化国际大都市
广州	2015 年	《广州城市更新办法》	促进城市土地有计划开发利用，完善城市功能，改善人居环境，传承历史文化，优化产业结构，统筹城乡发展，提高土地利用效率，保障社会公共利益
广州	2021 年	《广州市城市更新条例》	促进历史文化资源活化利用，鼓励微改造项目为城市发展提供产业空间
深圳	2021 年	《深圳经济特区城市更新条例》	规范城市更新活力，完善城市功能，提升城市品质，改善人居环境
深圳	2022 年	《深圳市城市更新办法》	规范城市更新活动，进一步完善城市功能，优化产业结构，改善人居环境，推进土地、能源、资源的节约集约利用，促进经济和社会可持续发展

续表

城市	时间	文件名称	更新目标
重庆	2021 年	《重庆市城市更新管理办法》	落实国家城市更新行动决策部署，强化改革的先导和突破作用，推动城市结构优化、功能完善和品质提升，加快实施扩大内需战略，建设"近悦远来"美好城市，建立健全与城市存量体制改造相适应的体制机制和政策体系，助力建成高质量发展高品质生活新范例
	2022 年	《重庆市城市更新提升"十四五"行动计划》	围绕建设"山水之城·美丽之地"的总体目标，集中力量推进城市功能与品质再提升、再升级。走出一条具有重庆特色的城市更新提升道路
郑州	2023 年	《郑州市城市更新实施办法（试行）》	以"当好国家队、提升国际化、引领现代化河南建设"为总目标，加快"四高地、一枢纽、一重地、一中心"和郑州都市圈建设，充分发挥城市更新在节约集约利用土地、保障城市更新发展空间、完善城市公共服务等方面的重要作用，持续提升城市发展能级和品质
南京	2023 年	《南京市城市更新办法》	促进城市高质量发展，加快建设宜居、韧性、智慧城市，不断满足人民群众对美好生活的向往
合肥	2022 年	《合肥市城市更新工作暂行办法》	对本市市区城市空间形态和功能进行保护、整治、改善、优化，实现房屋使用、市政设施、公建配套等全面完善，产业结构、环境品质、文化传承等全面提升的建设活动

续表

城市	时间	文件名称	更新目标
杭州	2023 年	《杭州市人民政府办公厅关于全面推进城市更新的实施意见》	全面推进城市更新行动，打造宜居、韧性、智慧城市，更好统筹经济高质量发展与城市内涵式发展，奋力推进"两个先行"，将杭州打造为世界一流的社会主义现代化国际大都市，为中国式现代化提供城市范例

表 36：各地城市更新政策机制对比①

内容	深圳	广州	上海	成都	北京	重庆
机构设置	深圳市城市更新和土地整备局	城市更新局	上海城市更新和旧区改造工作领导小组	成都市城市更新工作领导小组	市委城市工作委员会所属城市更新专家小组	重庆市城市更新工作领导小组
管理规定	《深圳经济特区城市更新条例》	《广州市城市更新办法》	《上海市城市更新实施办法》	《成都市城市有机更新实施办法》	《北京市人民政府关于实施城市更新行动的指导意见》	《重庆市城市更新管理办法》
对象分类	综合整治、功能改善、拆除重建	旧城、旧村、旧厂，全面改造、微改造	公共活动中心、历史风貌地区、轨道交通站点周边地区、老旧住区与产业社区	保护传承、优化改造、拆旧建新	老旧小区改造、危旧楼房改造、老旧厂房改造、老旧楼宇更新、首都功能核心区平房（院落）更新，其他类型	尚未明确区分，文件中涉及保护修缮、优化改造和社区公共服务设施短板、其他拆旧等

---

① 城市更新网 URN. 更新政策映射城市性格：实施层面对比解读北京、重庆最新城市更新政策 ［EB/OL］. https：//mp. weixin. qq. com/s/kOohOeYxBKBc1W12ymoEmg.

内容	深圳	广州	上海	成都	北京	重庆
更新单位	政府引导、市场运作	政府主导、市场运作	政府引导、政府市场双向并举	政府引导、市场主体、商业化逻辑	政府推动、市场运作	政府引导、市场推动
特色创新	保障性住房、公共服务配套、创新产业用房、公益用地等	数据调查（标图建库）、专家论证、协商审议等	用地性质互换、公共要素清单、社区规划师、微更新等	容积率转移、使用权人作为更新主体、鼓励运营商主导的设计建设运营一体化模式等	实施主体的确认、责任规划师、公众参与、部分项目允许有条件增加建筑规模、部分允许规划使用性质兼容转换、兼顾人防的地下空间利用、多种方式办理用地手续、经营性服务设施建设用地使用权所有权分离、福利创新金融产品支持城市更新	实施主体的确认、社区规划师、应用城市体验结果、公众意愿调查、编制片区策划机制、编制城市更新技术导则、跨项目统筹、开发运营一体化的运作模式、更新项目划拨/出让/招拍挂的供地模式、土地使用权/房屋所有权变动允许股份合作模式，以完善用地和产权手续定向鼓励产业转型、城市更新项目竞争性评选

2. 我国城市更新面临的困境

当前，中国城市更新已经从拆旧建新的模式逐步发展到满足新需求、承载新功能、采用新方式、重视新传承的有机更新时代。[①] 在此背景下，城市更新面临诸多困境及需要解决的问题。

一是如何平衡城市更新项目的收益与投资。城市更新涉及多方利益主体，不同利益主体有着不同利益诉求。被拆迁的群体希望从政府或开发商处得到更高的拆迁赔偿；城市政府希望改善片区内的环境和公共配套设施，提升城市功能，并获得一定的经济收益；而开发商则希望减少拆迁赔偿，提高开发强度，获取尽可能高的商业利润。成功推动一个城市更新项目需要同时满足三方的利益诉求，这需要项目有足够的盈利[②]。实际仅有少量区位较好的老旧城区能够满足这种要求，导致整个城市的更新改造推进困难，影响城市转型升级的进程。因此，资金问题是城市更新项目能否顺利实施的关键，也是一直以来城市更新工作面临的最大难点和制约因素所在。与传统的新建项目相比，城市更新是一项长期的系统性工程，一个完整的城市更新项目平均周期为5~8年，甚至更长时间。因此，城市更新具有资金需求大、涉及利益主体诸多、建设周期长、收益回报不确定等特点。城市更新项目运作周期较长，更加强调后期运营管理，而且往往涉及基础设施和公共服务等公共物品或准公共物品的投资，项目收益性不高，进一步增加了融资成本。因此，如何有效保障项目收益与融资平衡，如何有效平衡多元主体的利益，是城市更新需要解决的重要问题，也是城市更新项目有效推进的难点。[③]

二是如何保障城市更新过程中的公平性。公平性与普惠性是现代城市发展理念的重要内容，社会主义公有制基础上的城市更新应具有更加

---

① 胡茜.“十四五”时期我国推进城市更新的思路与举措［J］. 中国房地产, 2021（07）: 48-55.

② 田宗星, 李贵才. 基于TOD的城市更新策略探析——以深圳龙华新区为例［J］. 国际城市规划, 2018, 33（05）: 93-98.

③ 王志云. 城市更新系列观点之四：城市更新破解之道——城市更新实施的六大难点和五大关键［EB/OL］.［2023-01-19］. https: // mp. weixin. qq. com/s/bS50SIYl0XQhsQ2U6Z6K7g.

强调公共性的内涵。城市更新涉及多个主体的利益和需求，是城市规划和发展中最复杂的一个部分。目前，城市在更新过程中仍然会受到各种因素的影响，从而忽略了部分特殊群体的生存与发展需求，这也正是城市更新的一大阻碍与难题。① 尽管一些城市的更新项目配建有廉租房和经济适用房，但小汽车导向的交通系统和开发规划导致无车低收入群体的就业与生活不便，最终还是搬离了城市更新地区，无法发挥保障性住房的作用。因此，在新时期下城市更新需要对以往的更新模式进行伦理调整，在满足大部分群体利益的前提下，尽可能实现社会资源与利益的公平配置。

　　三是如何实现城市更新政策与管理的协同。城市更新是在复杂建成环境的基础上进行再开发，与新开发相比需要更高政策供给与需求的协同、政府相关部门的协同等。我国现有的城市更新是先有实践需求再有管理应对，更多是对实践需求基础上的应对。随着经济社会的快速发展变化，新的城市更新需求不断出现，政策供给应基于实践的经验反馈并进行不断修正，城市更新管理也应随之在实践中不断摸索。但在实践过程中，容易在一定程度上造成城市更新政策不匹配或滞后于实际需求的情况。这既表现在适用于新区建设管理的标准规范与历史建成环境的更新实施不匹配，也表现在频繁调整的城市更新政策容易引起相关主体利益预期的变化，增加管理执行的难度、降低制度约束的效率与权威。因此，城市更新因上述情况容易造成政策供给与需求之间的不易协同②。同时，城市更新的管理工作涉及自然资源、城建、规划、发改、房产、民政，以及文物保护等主管部门，以及市、区两级政府。③ 城市更新项目重要流程包括城市更新项目更新意愿公示、列入城市更新计划、土地及建筑物信息核查、城市更新规

---

①　金杭杭. 新时期新型城镇化背景下城市更新的伦理探究［J］. 工程建设与设计，2022（08）：16-18.

②　王世福，易智康. 以制度创新引领城市更新［J］. 城市规划，2021，45（04）：41-47+83.

③　朱明君. 新型城镇化战略下的城市更新关键影响要素［J］. 中国土地，2023（07）：22-24.

划获批、实施主体确认、用地审批、工程规划审批、项目施工、回迁安置、项目预售等环节。① 各部门分别从自身领域开展相关工作，部门之间缺乏联动沟通，项目行政审批、复建安置资金管理，以及政府投资和补助等相关配套政策缺乏有机衔接。

3. 城市更新的重要意义

"城市更新"是城市发展逐渐步入成熟阶段的主要城市发展政策和关键性任务，是满足人们生活高品质需求和提升城市竞争力的核心路径，同时，也是我国推进新型城镇化、适应城市发展新形势，以及推动城市可持续发展的有力保障。② 实施城市更新行动具有多方面的重要意义。第一，是顺应城市发展规律和发展形势，推动城市高质量发展的必然要求；第二，是治理"城市病"，解决城市发展突出问题和短板的重要抓手；第三，是推动城市开发建设方式转型，促进绿色低碳发展的有效途径；第四，是坚定实施扩大内需战略，促进经济发展方式转变的重要举措。我国经济增长中存量优化和服务增值的比重不断增加，实施城市更新行动可以推动形成以城市运营、增值服务为支撑的新模式，带动存量更新改造投资、交易和服务增值，推动"稳增长、调结构、推改革"③。城市更新是现代社会的一个象征符号，伴随着历史不断发展前进，城市更新的具体内容也跟随社会背景和公众的需求而动态变化。④

（二）城市更新与 TOD 发展的关系

1. 基于 TOD 的城市更新策略

如何让地铁发挥更大价值效力，从国际国内的经验来看，TOD 模式无疑是最佳选择。在城市发展过程中，尤其是高能级、虹吸能力较强的城市，土地资源日益短缺和空间发展格局受限是不可避免的发展问题，

① 甄素静. 新型城镇化给城市更新更多机会［N］. 每日经济新闻，2021-12-27（017）.
② 吴海瑾. 共建共享：走向更加系统多元的城市更新［J］. 群众，2022（18）：14-15.
③ 杨保军. 什么是好的城市更新［EB/OL］. 中国新闻周刊，2023-07-03.
④ 吴碧瑶. 粤港澳大湾区城市更新融资模式研究［C］//中国建设会计学会. 中国建设会计学会第十五次（2022年度）论文集. 中建四局投资发展有限公司，2022.

而成熟的 TOD 是解决问题的关键，也将是城市实现高质量发展的必由之路。[①]

在当下经济压力持续加大以及减量规划导向的背景下，如何通过足够的动力和红利使更新改造得以发生是实施城市更新、推动高质量发展的前提。从帕累托最优理论来看，这就要求在一定程度上使参与城市更新的主体获得更大利益。由此引发出有关城市更新实践中必须思考的两个关键性问题：即"空间增值"和"利益分配"。这两个方面也是城市更新是否能落地的决定因素，其过程伴随着复杂的博弈和必要的政府干预[②]。在市场经济和小汽车大量增加的背景下，传统的城市更新面临着成本高昂、交通拥堵、社会分化等困境，亟须借助 TOD 理念转变更新策略。与传统的城市更新相比，基于 TOD 的城市更新在提高经济可行性、缓解交通拥堵、促进社会融合等方面具有较大的潜力[③]。

基于 TOD 的内涵和5D 原则（Density, Diversity, Design, Distance, Destination Accessibility），相关学者从选址、功能定位、规划设计等三个方面探讨城市更新的改进策略及其效用（图41），其核心是通过公交的运能和增值效应引导城市更新，配合合理的规划设计以鼓励居民公共交通出行与社会融合，实现社会、经济、环境多重效益，解决或规避传统更新面临的问题（表37）。

---

① 一座被地铁串联起的经济特区，TOD 藏有多大能量？［N］. 中国房地产报，2022-12-27.

② 唐燕. 减量规划导向下的城市更新制度供给——动力和红利从哪里来？［J］. 农村经济与科技，2019（15）：291-293.

③ 田宗星，李贵才. 基于 TOD 的城市更新策略探析——以深圳龙华新区为例［J］. 国际城市规划，2018，33（05）：93-98.

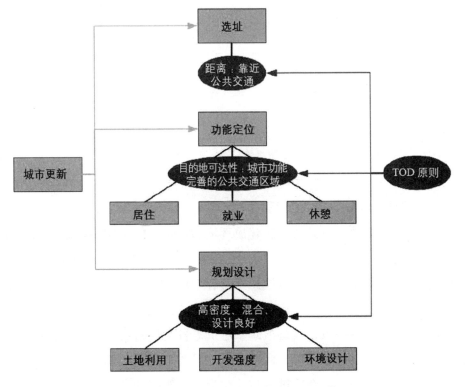

图 41：基于 TOD 的城市更新策略框架①

表 37：基于 TOD 的城市更新与传统城市更新的对比②

传统城市更新	基于 TOD 的城市更新
经济效益、改造效益	社会、环境、经济等综合效益
盈利空间小，经济可行性难以保障	公交带来的物业增值和提高城市更新的经济可行性

---

① 田宗星，李贵才. 基于 TOD 的城市更新策略探析——以深圳龙华新区为例 [J]. 国际城市规划，2018，33（05）：93-98.

② 田宗星，李贵才. 基于 TOD 的城市更新策略探析——以深圳龙华新区为例 [J]. 国际城市规划，2018，33（05）：93-98.

续表

传统城市更新	基于 TOD 的城市更新
小汽车导向加剧交通拥堵、空气污染恶化	公交可以消化高强度开发增加的客流量和交通拥堵
无意并无力照顾弱势群体、导致社会分化加剧	为社会阶层的混合和融合提供基础条件和交往机会，缓解社会隔离和分化

2. 城市更新与 TOD 的关系

城市更新能够促进站点地区建成环境的优化。由于城市规划交通选址需要考虑城市结构、交通需求、工程条件等因素，因此一些工业、仓储、低密度旧村等集聚的公交站点地区不符合 TOD 要求的建成区。城市更新能够通过拆除重建优化公交站点地区的土地使用性质和开发强度，通过改变功能、综合整治等手段，改善道路、建筑等各类构筑物与公交的衔接，改善步行、自行车设施和环境，营造公交导向的社区，增加客流反哺公交发展。站点地区的城市更新要进行与公交运能相匹配的高密度开发，为公交提供客流的同时，也为城市更新提供更大的盈利空间。城市更新需要向土地所有权者及土地所有权附属物者支付拆迁补偿，且补偿金额与原有的开发强度成正比，因此开发强度成为城市更新项目能否盈利的关键指标。以深圳为例，拆建比达到 2.5 以上才有足够利润空间吸引开发商进入。因此，如果不采用 TOD 模式，非公交站点地区难以达到如此高强度的开发。但公交的运能也是有限的，城市更新的开发量要与运能匹配，而不是盲目追求越高越好。①

因此，TOD 综合开发项目与城市更新具有一定的互补性。受土地资源、社会经济等因素的驱动，各城市的轨道交通建设开启了站点周边大规模的城市更新和旧城改造，这类土地主要依据城市更新相关的土地整备工

---

① 田宗星，李贵才. 基于 TOD 的城市更新策略探析——以深圳龙华新区为例 [J]. 国际城市规划，2018，33（05）：93-98.

作获取，通常面临多重问题。首先，更新开发涉及对原有建筑物的拆迁和对当地居民的补偿安置，对密集老城区进行的更新往往意味着高昂的拆迁成本。其次，城市更新涉及主体更复杂且各主体诉求不一，协调困难，开发周期难以把控，这需要政府相关部门紧密合作进行开发。从实践操作来看，城市更新改造涉及权责分配与多方利益协调的决策权衡，并且经历了几十年的探索和反思，我国的城市更新也已经逐渐过渡到以城市功能品质提升和空间集约化利用为目标的发展思路。城市更新与 TOD 综合开发在土地使用上有着类似的价值取向，可以相互借力。城市更新轨道站点可充分利用交通区位优势使物业价值提升，能够提高项目的交通和经济可行性，同时城市更新项目也能优化轨道交通站点周边环境。城市更新与 TOD 综合开发在政策协调下确实可以相互促进，疏解更新项目带来的交通压力，同时提高可达性使得土地进一步增值，其结果对轨道交通综合开发和城市发展都有很大的帮助。①

（三）城市更新的政策内容解读

1. 深圳市政策

深圳市作为改革开放的排头兵和先行者，紧抓中央和广东省赋予的土地管理制度改革先行先试等机遇，对标国际一流城市，在全国率先提出城市更新概念，也为其他地区推动城市更新提供了示范样本。② 深圳城市更新市场化程度高，是全国首个城市更新项目无需土地招拍挂，可通过协议出让的城市。③ 深圳市的城市更新项目主要通过对产业结构的调整、转型、升级来为新的经济增长做贡献；通过对交通环境的梳理和对公共交通的引导来减轻交通拥堵的现象；在政策制度层面通过对公共人居环境的重视以解决历史街区建筑保护更新以及民众对公共空间的诉求等问题。

---

① 杨家文，段阳，乐晓辉. TOD 战略下的综合开发土地整备实践——以上海、深圳和东莞为例 [J]. 国际城市规划，2020，35（04）：124-130.

② 陈清华. 着力打造城市更新国际标杆——深圳市实施城市更新行动的实践及启示 [J]. 唯实，2021（04）：40-42.

③ 程新文. 迎接城市更新未来新浪潮——粤港澳大湾区城市群城市更新政策比较分析 [J]. 中国房地产，2020（04）：18-23.

2004 年以来，深圳开展城中村和工业区升级改造工作，2007 年规划国土部门在深圳启动了《深圳市城市更新办法》（以下简称《更新办法》）的草案拟定工作，2009 年 12 月《更新办法》正式施行，深圳市以全面推进"部市共建"的方式，成为国家城市更新试点城市。《更新办法》使改造主体多元化、土地出让模式更加灵活，城市更新改造对象全面覆盖，首创"城市更新单元"概念，对商品性质房地产的改造留有余地，综合整治、功能改变、拆除重建三种更新模式，关内外优惠政策（地价标准）统一，明晰城市更新项目运作基本流程和各部门承担的职责。《更新办法》的出台，是城市转型的重要标志，是完成市政府提出的 2009 年"十大突破"的工作要求，城市发展由增量土地开发为主向存量土地再开发为主转变，加快推动城市更新重点区域功能提升与转型，促进推动城市重点区域功能提升与转变，促进老区活力重振与新区的结构变化，促进全市产业的空间布局优化和结构调整，促进社会结构优化与历史遗迹保护，形成完善的城市更新政策和规划体系。《更新办法》的出台使土地收购、违法建筑处理、房地产登记管理、拆迁补偿、财政税收等一系列配套政策的工作随机展开。

深圳在城市建设和社会经济方面取得巨大成就的同时，也最先遇到城市转型发展的问题。现阶段的城中村、工业区升级改造面临城市化过程中遗留的土地权属不清、城村混杂交错、覆盖面较单一等改造政策无法有效促进城市规划实施的问题。这就需要更具综合性、更注重城市品质和内涵提升的城市更新概念指导城市更新工作。近年来，深圳市出台了多部城市更新的政策、专项规定及指导意见，覆盖了计划管理、规划管理、实施主体确认、用地审批、保障房配比等各项环节，并常态化出台"打补丁"政策，搭建起从法规层面、政策层面到技术标准层面、操作层面均相对完善的政策体系（表 38）。①

---

① 陈清华. 着力打造城市更新国际标杆——深圳市实施城市更新行动的实践及启示 [J]. 唯实，2021（04）：40-42.

表 38：深圳市城市更新的相关政策

时间	相关政策
2005 年 4 月	《深圳市城中村（旧村）改造暂行规定》
2005 年 4 月	《关于深圳市城中村（旧村）改造暂行规定的实施意见》（深府〔2005〕56 号）
2006 年 12 月	《关于推进龙岗区两区城中村（旧村）改造工作的若干意见》（深府〔2006〕257 号）
2007 年 1 月	《关于工业区升级改造的若干意见》（深府〔2007〕75 号）
2007 年 4 月	《关于开展城中村（旧村）改造工作有关事项的通知》（深府办〔2007〕159 号）
2008 年 4 月	《关于推进我市工业区升级改造试点项目的意见》（深府办〔2008〕35 号）
2008 年 9 月	《关于加快推进我市旧工业区升级改造的工作方案》（深府办〔2008〕93 号）
2009 年 12 月	《深圳市城市更新办法》（深圳市人民政府令第 211 号）
2012 年 2 月	《深圳市城市更新办法实施细则》（深府〔2012〕1 号）
2016 年 3 月	《深圳市城市更新专项规划（2016—2020）》
2020 年 12 月	《深圳经济特区城市更新条例》
2022 年 7 月	《深圳市城市更新和土地整备"十四五"规划》（深规划资源〔2022〕66 号）

《深圳市城市更新专项规划（2016—2020）》提出，强化中心组团结构发展、积极引导重点区域城市更新、加强更新统筹地区和片区改

造。重点区域包括轨道 6 号线、7 号线、8 号线、9 号线、10 号线、11 号线、3 号线北延段和南延段、4 号线北延段、5 号线南延段等周边区域。在深圳地铁 4 号线龙华新区部分区段的实践中，其综合开发中的土地获取就是依靠前期与城市更新项目的协调。首先，项目选址工作与站点周边城市更新同步，包括拆迁补偿谈判、土地收储、控规修改等。其次，区政府层面和深圳市采取了多种手段推进轨道沿线的城市更新，如提高站点影响范围内地块开发容积率，并采取优先审批、给予一定的补贴等。2010—2016 年，机荷高速、福龙路、梅观高速、南坪快速四条城市主干道范围内大多数城市更新项目（88.5%）位于站点周边 1000 米以内（其中距最近地铁站点 500 米以内的 16 个，占比 61.5%；500—1000 米的 7 个，占比 27%），1000 米范围以外的仅有 3 个，占比 11.5%（表 39）。

表 39：深圳市城市更新项目到轨道站点的距离①

到最近地铁站点的距离/米	城市更新项目数量	比例/%	平均容积率
0~500	16	61.5	4.35
500~1000	7	27	4.03
>1000	3	11.5	3.78
总计	26	100	4.13

2. 广州市政策

广州市从 2009 年就已出台了城市更新相关的政策文件，不过直到在 2023 年 2 月广州市规划和自然资源局发布的《广州市城市更新专项规划（2021—2035 年）》（公开征求意见稿）（简称《专项规划》）中才首次将 TOD 与城市更新相结合。

上述《专项规划》将广州市的城市更新项目划分为六种类型，包括历

---

① 田宗星，李贵才. 基于 TOD 的城市更新策略探析——以深圳龙华新区为例 [J]. 国际城市规划，2018，33（05）：93-98.

史文化传承活化型项目、重大基础设施型项目、重点平台型项目、新城新产业区型项目和人均环境提升型项目。其中，对于重大基础设施型项目，要"以TOD开发为导向科学制定开发强度、鼓励周边复合利用，强化区域交通便捷性和可达性"。此外，在《专项规划》第七章"完善公共基础设施，提升城市发展能级"中更进一步提出，"充分利用轨道交通的优势带动存量用地再开发，优化轨道交通沿线土地功能布局，优先推进轨道站点周边城市更新，引导轨道站点周边800米范围的存量资源以TOD模式开展城市更新，依托轨道交通引导人口汇聚，促进站点周边用地的综合和高效利用，促进交通走廊内的职住平衡"。

这说明广州市已经明确了以公共交通为导向的开发（TOD）将是城市更新的一种重要形式，并且将被优先推进，这种形式的城市更新意味着站点附近的高开发强度、土地复合利用和高可达性。

3. 东莞市政策

东莞市在2021年印发了全国首份轨道交通TOD与城市更新相结合的政策文件《东莞市轨道交通TOD范围内城市更新项目开发实施办法》（东府〔2021〕3号）（简称《实施办法》）。《实施办法》包含总则、适用范围和改造方式、政府和集体收益及分配、实施流程及要求、部门职责、附则六章内容。其中，总则部分阐述了"坚持政府主导、整体统筹、连片开发"等基本原则；第二部分"适用范围和改造方式"则划定了"TOD范围内城市更新项目"的具体范围以及政府主导、土地权利人自行改造、单一主体挂牌招商以及"旧项目"改造四种方式；第三部分"政府和集体收益及分配"规定了不同类型改造方式下政府获取收益的方式及比例；第四部分"实施流程及要求"规定了政府分成物业的实施流程及相关要求；第五部分"部门职责"阐述了市轨道交通局等相关部分的具体职责分工，以保障项目的顺利推进。

东莞市的这份《实施办法》具有如下特点①：一是采用了政府物业分成和收取补缴地价等多种政府收益分享方式，在保证政府收益情况下，能够促进社会资本参与 TOD 范围内的城市更新。二是 TOD 范围内城市更新项目可以轨道站场 TOD 综合开发规划作为控规编制（调整）的依据，不需要另行单独编制前期研究和单元规划，优化了项目的实施流程，推动项目快速落地，节约了开发企业的时间成本和制度性交易成本。三是规定 "TOD 范围内的城市更新原则上以连片开发为主，零星项目单元面积不小于 60 亩，政府主导项目不受更新单元面积限制"，这缩小了土地规模要求，扩大了政策适用面，从而有助于加快 TOD 范围内的土地开发速度。

2022 年度东莞市新出台的《关于进一步完善轨道交通建设和轨道资源开发双向反哺机制全力推动轨道交通高质量发展的实施意见》（东府〔2022〕57 号）中也提出了 "推动 TOD 地区城市更新项目建设"，在 "全市城市更新一盘棋的基础上，加强 TOD 范围内城市更新政策创新"，"TOD 范围内的城市更新项目优先布局商业、办公、住宅类用地，优先配置用地规模和指标，科学布局公共配套设施"，以加快 "TOD 地区城市更新项目落地建设，归集更多轨道资源"。

4. 佛山市政策

佛山市作为粤港澳大湾区的核心城市之一，在社会经济与城市建设快速发展的同时，也面临城市转型发展的瓶颈问题。2007 年面对城市发展空间的不足和土地供需矛盾的加剧，佛山市率先提出了 "三旧改造" 一词，并在广东省内得到了迅速推广。截至目前，佛山市已成为广东省开展 "三旧" 改造实践成果最多的城市。2018 年 8 月佛山市人民政府出台了《佛山市人民政府办公室关于深入推进城市更新（"三旧" 改造）工作的实施意见（试行）》（佛府办〔2018〕27 号），明确了成立市级城市更新主管部

---

① 东莞市轨道交通局. 关于《东莞市轨道交通站点 TOD 范围内城市更新项目开发实施办法》制定情况的说明 [EB/OL]. [2023-08-23]. http://www.dg.gov.cn/zwgk/jdhy/zcjd/szfjqbm/content/post_ 3469774. html.

门及其职能，明确提出构建佛山市城市更新"计划+规划"管理体系，强调规划统筹，引领城市更新管理工作；对城市更新容积率进行差异化分区管控，构建"地块容积+转移容积+奖励容积"的城市更新开发强度操作指引，地块容积在已批控规的基础上根据微观区位影响条件（交通设施、地块规模、开敞空间等）进行修正。

2019 年佛山市人民政府出台了《佛山市人民政府关于深化改革加快推动城市更新（"三旧"改造）促进高质量发展的实施意见》（佛府〔2019〕14 号），优化公益性项目用地的供给和落实，确保公益性项目用地不低于城市更新项目总用地面积的 15%；在拆除重建范围内容上的公益性项目用地不低于该范围城市更新项目总面积的 15%。"工改工"类城市更新项目对公益性用地贡献比例不做强制要求，但应按照控规或城市更新单元规划落实公益性用地，支持整体连片改造。加大对一定规模以上改造项目的扶持，在土地出让金方面加大优惠力度（表 40）。

表 40：佛山市对整体连片改造项目的土地出让金优惠力度

面积（亩）	优惠力度
200~300	"挂账收储"公开出让类补偿原权属人标准提高 2%，协议出让类出让金计收比例下调 2%
300~400	上述相应比例调整至 3%
400~500	上述相应比例调整至 4%
500 及以上	上述相应比例调整至 5%

2019 年《佛山市城市更新专项规划（2016—2035 年）》，对于城市更新与重大交通项目建设有多处表述（表 41）。《专项规划》提出，建立更新资金保障，探索建设容积率交易平台，将轨道交通站点周边用地，在TOD 开发模式下超出城市规划管理技术规定上限的土地出让金收益在保障及满足轨道交通建设需要的前提下，可优先用于历史文化街区和生态恢复区建设。

表 41：《佛山市城市更新专项规划（2016—2035 年）》与城市轨道交通相关的内容

目标	与城市轨道交通相关的重点建设项目
以实施城市更新为契机，探索重大交通工程与城市更新的同步规划、修复建设及使用机制，提升综合交通系统，进而促进支路加密、交通设施完善、慢性系统及步行空间建设	重点开展禅桂中心城区范围内支路网的加密和系统优化工作；完善佛山西站枢纽建设、完成轨道 2 号线一期、3 号线、广州轨道 7 号线西延段等工程建设工作，以及佛山新机场的选址研究工作
近期将重点地区划分为功能强化类、产业提升类、交通带动类。交通带动类城市更新应有序推进用地功能调整，在满足道路交通设施建设的同时淘汰低端产业、完善城市功能、美化城市环境，并把岭南文化风貌保护好	广佛肇城际轨道交通站点周边地区、佛山西站周边地区以及地铁 2 号线、3 号线、4 号线、6 号线沿线
加大公共配套设施建设力度，发展商业零售、商务办公、酒店旅游等服务业	佛山 1 号线二期、佛山 2 号线一期、佛山 3 号线和广州 7 号线西延线等轨道站点周边 500 米范围内的旧村居，适度考虑拆除重建

未来展望与下一步研究重点

中国城市轨道交通 TOD 政策指数，为全面评估各城市的 TOD 政策发展水平提供重要参照，有助于各轨道交通城市间基于自身禀赋展开政策学习与政策优化，并进一步推动城市轨道交通 TOD 创新实践，进而提升中国式现代化进程中城市现代化与城市轨道交通高质量发展水平。但随着经济社会发展，城市轨道交通 TOD 的政策需求有所改变，从提升理念认知到保障落地实施再到丰富应用场景，这对中国城市轨道交通 TOD 政策指数框架的快速适应性提出了更高要求，并需要在未来发展中持续完善。与此同时，为了更好体现各城市在时间维度上的政策变动特征与趋势，又需要中国城市轨道交通 TOD 政策指数保持较大程度的稳定性。因此，为了更好满足多样化的需求，本报告在保持中国城市轨道交通 TOD 政策指数主体框架不做较大调整的同时，结合经济社会发展中的核心命题和城市轨道交通 TOD 发展的新模式、新实践与新着力点，增设研究专题。下一步将重点关注城市轨道交通 TOD 发展与如下两个方面的融合研究。

一、中国城市轨道交通 TOD 发展与城市更新

经过近 40 年中国城市化进程的快速推进，2022 年我国城镇化率已达到 65.22%，进入城镇化中后期阶段，即由量的快速扩张跃升至量增质升的新阶段。与此同时，大规模城镇化后，城市的主体功能空间和骨架已经基本成型，尤其是在经济发展水平高、城镇化率高的城市，新增可开发用地规模较小，开始进入以存量土地开发为主的城市更新阶段。由于较长时

期内城市化进程中城市空间资源布局的粗放式增长，城市发展与当前居民日益增长的对美好生活的需要间存在较大空间错配，因此城市更新过程中亟须融入新理念，进而在原有稳定的社会网络和物质层面上的空间联系上架起桥梁，推动实现城市的二次新生。但这个过程并非易事。实施城市更新推动现代化、高质量发展，需要有足够动力和红利使更新改造得以发生，其中首先需要解决的问题是如何通过空间更新产生更大增值与收益，进而形成更新动力。这一"空间增值"的城市更新要求与 TOD 综合开发在土地使用上有着类似的价值取向，具有相互借力的基础与条件。实际上，在深圳、东莞乃至济南、青岛等城市关于以 TOD 理念推动城市更新的政策规划已然开始探索，并将成为越来越多城市将要面对的课题。基于此，后续版本的中国城市轨道交通 TOD 政策指数报告将开始持续捕捉、分析 TOD 理念与城市更新政策的融合运用。

二、城市轨道交通 TOD 发展与保障性租赁住房建设

2021 年 6 月，国务院办公厅印发《关于加快发展保障性租赁住房的意见》（国办发〔2021〕22 号）提出"扩大保障性租赁住房供给，缓解住房租赁市场结构性供给不足，推动建立多主体供给、多渠道保障、租购并举的住房制度"，在土地支持政策中列举了多种渠道供给方式，其中明确提到在人口净流入的大城市和省级人民政府确定的城市"鼓励在地铁上盖物业中建设一定比例的保障性租赁住房"。后有不少城市探索在地铁上盖及站点沿线建设保障性租赁住房，即充分发挥城市轨道交通 TOD 项目的优势，将居住、商业、办公、社交、文化娱乐和公共服务等生活要素集聚在一起，为新市民和青年人提供一个交通便捷、生活舒适、配套完善、安全经济的宜居乐居环境，降低他们的生活成本，提升生活质量，进而为推动整个城市发展贡献力量。截至目前，上海、深圳、东莞、成都等城市均提出了支持在 TOD 项目中配建租赁住房的相关规定。城市轨道交通 TOD 发展与保障性租赁住房建设的融合将成为一个重要趋势和值得持续关注的问题，在后续中国城市轨道交通 TOD 政策指数报告中亦将进行专题介绍。

参考文献

[1] 郭海龙，戴子薇. 中国式现代化视角下城市发展的数字化转型及其对石家庄的启示 [J]. 石家庄学院学报，2023，25（04）.

[2] 胡茜. "十四五"时期我国推进城市更新的思路与举措 [J]. 中国房地产，2021（07）.

[3] 黄萃，吕立远. 文本分析方法在公共管理与公共政策研究中的应用 [J]. 公共管理评论，2020，2（04）.

[4] 黄萃，任弢，张剑. 政策文献量化研究：公共政策研究的新方向 [J]. 公共管理学报，2015，12（02）.

[5] 霍沫霖，郭磊，陈光. "双碳"目标对城市能源发展规划提出新要求 [J]. 中国电力企业管理，2021（10）.

[6] 金杭杭. 新时期新型城镇化背景下城市更新的伦理探究 [J]. 工程建设与设计，2022（08）.

[7] 李文菁，杨家文. 深圳市公交引导发展（TOD）模式采用的策略与实践 [J]. 城市轨道交通研究，2022，25（12）.

[8] 李扬，靳京，梁昊光，等. 国内外城市现代化的评价指标、方法及案例研究 [J]. 科学观察，2023，18（02）.

[9] 林昌华. 民营经济融入中国式现代化的理论逻辑与现实路径 [J]. 哈尔滨工业大学学报（社会科学版），2023（04）.

[10] 刘秉镰，袁博. 中国式现代化视域下城市群发展的理论逻辑与路径选择——学习习近平总书记关于城市工作的重要论述 [J]. 城市问

题，2023（03）：12-16.

[11] 刘超. 城市更新的"土地陷阱"及其解释——基于珠三角地区的调研 [J]. 华南理工大学学报（社会科学版），2019，21（02）.

[12] 刘雨菡，鲍梓婷，田文豪. TOD 站城融合发展路径与广州实践：多层级空间治理与协作式规划设计 [J]. 规划师，2022，38（02）..

[13] 鲁颖. TOD4.0 导向下的深圳市轨道交通 4 号线"站城人一体化"规划策略 [J]. 规划师，2020，36（21）.

[14] 马强. 近年来北美关于"TOD"的研究进展 [J]. 国际城市规划，2009，24（S1）.

[15] 聂鸿天. 创新驱动对高质量发展的影响——来自中国 18 个发达城市的证据 [J]. 沈阳师范大学学报（自然科学版），2023，41（02）.

[16] 任致远. 略论中国式现代化城市发展目标 [J]. 城市发展研究，2022，29（12）.

[17] 邵颖萍. 中国城市现代化的内涵与核心 [J]. 城市问题，2012（11）.

[18] 师博，明萌. 中国式城市现代化的理论内涵及评价研究 [J]. 西北工业大学学报（社会科学版），2023（01）.

[19] 宋立秦. 先行示范区建设与深圳公共住房制度改革研究 [J]. 特区实践与理论，2019（06）.

[20] 唐燕. 减量规划导向下的城市更新制度供给——动力和红利从哪里来？[J]. 农村经济与科技，2019（15）.

[21] 田宗星，李贵才. 基于 TOD 的城市更新策略探析——以深圳龙华新区为例 [J]. 国际城市规划，2018，33（05）.

[22] 万秀丽，高玉霞. 中国式现代化新道路的历史逻辑、科学内涵与现实意义 [J]. 理论研究，2023（02）.

[23] 王世福，易智康. 以制度创新引领城市更新 [J]. 城市规划，2021，45（04）.

[24] 文军，刘雨航. 不确定性背景下中国式现代化的理论变革与实

践转向［J］. 山东大学学报（哲学社会科学版），2023（01）.

［25］吴冠岑，牛星，田伟利. 我国特大型城市的城市更新机制探讨：全球城市经验比较与借鉴［J］. 中国软科学，2016（09）.

［26］吴海瑾. 共建共享：走向更加系统多元的城市更新［J］. 群众，2022（18）.

［27］习近平. 以史为鉴、开创未来，埋头苦干、勇毅前行［J］. 求是，2022（01）.

［28］谢青，田志龙. 创新政策如何推动我国新能源汽车产业的发展——基于政策工具与创新价值链的政策文本分析［J］. 科学学与科学技术管理，2015，36（06）.

［29］杨家文，段阳，乐晓辉. TOD 战略下的综合开发土地整备实践——以上海、深圳和东莞为例［J］. 国际城市规划，2020，35（04）.

［30］杨小柳，陆烨. 中国式现代化进程中的中华民族共同体建设［J］. 思想战线，2023，49（04）.

［31］于凤霞. 数字经济背景下中国式现代化的理论逻辑、战略内涵与实践路径［J］. 中国劳动关系学院学报，2023，37（03）.

［32］张士海，姚功武. 中国式现代化新道路的生成逻辑［J］. 当代世界社会主义问题，2023（02）.

［33］张雅娴，苏竣. 技术创新政策工具及其在我国软件产业中的应用［J］. 科研管理，2001（04）.

［34］钟振. 城市现代化向美而行［J］. 当代广西，2023（07）.

［35］周岚，丁志刚. 面向真实社会需求的城市更新行动规划思考［J］. 城市规划，2022，46（10）.

［36］朱丽君. 城市轨道交通建设对区域经济发展的影响分析［J］. 环渤海经济瞭望，2020（06）.

［37］朱丽丽，黎斌，杨家文，等. 开发商义务的演进与实践：以深圳城市更新为例［J］. 城市发展研究，2019，26（09）.

［38］朱明君. 新型城镇化战略下的城市更新关键影响要素［J］. 中

国土地，2023（07）.

［39］BAKER S R, BLOOM N, DAVIS S J. Measuring Economic Policy Uncertainty ［J］. Quarterly Journal of Economics，2016，131（04）.

［40］CALTHORPE P. The Next American Metropolis：Ecology, Community, and the American Dream ［M］. New York：Princeton Architecture Press，1995.

［41］ROTHWELL R, ZEGVELD W. Industrial Innovation and Public Policy：Preparing for the 1980s and 1990s ［M］. London：Frances Printer，1981.

［42］THORSRUD L A. Words are the New Numbers：A Newsy Coincident Index of Business Cycles ［J］. Journal of Business & Economic Statistics，2020，38（02）.